LE GUIDE

DE

L'INSTITUTEUR PRIMAIRE

POUR

L'ENSEIGNEMENT DU CALCUL

ET PLUS PARTICULIÈREMENT

DU SYSTÈME MÉTRIQUE.

A STRASBOURG,

Chez F. G. Levrault, imprim. du Roi et de l'Académie.

1822.

AVANT-PROPOS.

L'ENSEIGNEMENT primaire comprend trois branches principales, la *lecture*, l'*écriture* et le *calcul*.

Déjà les instructions et tableaux sur la lecture et l'écriture ont paru ; ceux concernant le calcul manquaient encore : ils forment l'objet de cet ouvrage, fait et publié, comme les précédens, sous les auspices de MM. les Préfets et sur les fonds votés par le Conseil général du département du Bas-Rhin.

Le but de l'ouvrage est de tracer aux instituteurs primaires une marche méthodique et claire pour l'enseignement du calcul, et plus particulièrement du système métrique, dont il est si important de propager l'usage. Il est facile de s'assurer, au surplus, que cette méthode est absolument indépendante de l'espèce de l'enseignement, qu'il soit mutuel, simultané ou individuel.

Il est reconnu qu'un traité théorique du calcul sera toujours, quelque succinct qu'il soit, trop étendu et trop coûteux pour que les élèves des écoles primaires puissent en faire la dépense. Il faut donc que, s'attachant moins à une théorie rigoureuse qu'à une pratique clairement exposée, l'instituteur s'en tienne aux développemens les plus simples dans l'enseignement oral auquel il est borné.

L'instituteur explique la règle ; il donne l'exemple à l'appui, fait le calcul : les élèves répètent, et l'instituteur les exerce ensuite par de nombreux exemples. C'est à quoi sont destinés les 104 tableaux qui font partie de l'ouvrage, et qui offrent environ 1700 questions, de toute espèce, sur toutes les opérations de l'arithmétique, depuis les plus simples jusqu'aux plus compliquées.

Une table imprimée à la suite du Traité donne,

par ordre de tableaux et de numéros, les solutions de toutes ces questions, de façon que l'instituteur ou même l'élève peut s'assurer de suite de l'exactitude de son calcul.

Nous espérons que les avantages de cette méthode seront facilement appréciés. Quant au plan de l'ouvrage, nous le croyons nouveau en France; il est imité d'un ouvrage allemand imprimé à Reutlingen, dans le royaume de Würtemberg, en 1816, intitulé: *Vorlegeblätter zu Rechenübungen in fortschreitender Ordnung vom Leichtern zum Schwerern, für Land- und Bürgerschulen, von J. C. F. Baumgarten.* Cet ouvrage a eu beaucoup de succès chez nos voisins de la rive droite du Rhin : chez eux, ainsi que sur notre rive, la méthode simultanée, communément nommée *normale*, est généralement suivie, et ses avantages sont depuis long-temps reconnus.

Destiné aux instituteurs primaires du Bas-Rhin, l'ouvrage a été imprimé dans les deux langues.

L'attention particulière que nous avons donnée à faciliter l'enseignement du système métrique et le passage des anciennes unités usuelles à ce système, nous porte à espérer que, sous ce rapport, l'ouvrage sera fort utile aux instituteurs primaires; et c'est dans cette intention surtout que nous l'avons écrit.

Il est donc facile de comprendre que nous n'avons pas dû entreprendre de réunir dans un cadre aussi resserré une théorie complète, qui aurait été hors de la portée des élèves. Traduire (s'il est permis de s'exprimer ainsi) les règles du calcul en langage vulgaire, mettre ces règles à portée des esprits les moins exercés aux formes du raisonnement, tel était notre objet : puissions-nous l'avoir atteint.

LE GUIDE

DE L'INSTITUTEUR PRIMAIRE

POUR

L'ENSEIGNEMENT DU CALCUL.

PREMIÈRE PARTIE.

Formation des nombres, et numération.

1) CALCULER, c'est trouver, au moyen de nombres donnés et connus, un nombre demandé qui ait avec eux un rapport proposé.

2) On appelle *nombre*, l'assemblage de plusieurs choses ou unités de la même espèce.

3) Les nombres sont *concrets* si, après les avoir énoncés, on désigne l'espèce des unités qui les composent, comme 6 francs, 3 quintaux; ils sont *abstraits*, si on n'y ajoute aucun nom d'espèce, comme 6, 9, 3, ou 6 fois, 9 fois, 3 fois. Ils sont *incomplexes*, lorsque toutes les unités qui les composent sont d'une seule et même espèce, comme 24 hommes, 7 quintaux; ils sont *complexes*, lorsqu'ils sont composés d'une ou plusieurs unités principales et de subdivisions de cette même unité principale, comme $3^{\prime\prime}\ 6^{s}\ 9^{d}$, 9 toises 4 pieds 6 pouces : dans le premier, l'unité principale est la livre; dans le second c'est la toise.

Nota. Il est facile de faire comprendre que le système métrique ou la division décimale des unités n'admet plus ces nombres jusqu'à présent nommés *complexes*, et c'est surtout en cela que consistent la simplicité et la clarté du nouveau système d'unités usuelles.

4) Les signes qui servent à exprimer un nombre quelconque, s'appellent *chiffres*. Il y en a dix, savoir, 0, 1, 2, 3, 4, 5, 6, 7, 8, 9. Au moyen de ces dix signes ou chiffres on peut exprimer et écrire tous les nombres, même les plus grands, parce que chaque chiffre reçoit, par la place ou le rang qu'il occupe, une valeur déterminée. Ces rangs sont comptés de droite à gauche, de façon que les unités d'un chiffre sont toujours dix fois plus grandes à mesure qu'il est plus reculé d'un rang vers la gauche. C'est ainsi que dans le nombre 66, par exemple, le premier 6 à droite exprime 6 unités simples, et le second 6 représente des dixaines, parce que ses unités sont dix fois plus grandes, c'est-à-dire, représentent soixante, ce qui fait en tout soixante-six. S'il y avait trois 6 de suite ou 666, ce dernier 6 à gauche représenterait encore des unités dix fois plus grandes que les dixaines, c'est-à-dire, des centaines, et ce serait six cent soixante-six. S'il y avait quatre 6 de suite ou 6666, le quatrième 6 exprimerait encore des unités dix fois plus grandes que les centaines, ce que l'on appelle *mille*, et l'on aurait six mille six cent soixante-six.

5) On appelle donc le premier chiffre à droite celui des *unités*; le second, celui des *dixaines*; le troisième exprime les *centaines*; le quatrième, les *mille*; le cinquième, les *dixaines de mille*; le sixième, les *centaines de mille*; le septième, les *millions*; le huitième, les *dixaines de millions*, et ainsi de suite.

6) Si l'on observe avec attention cette manière de placer les chiffres, il devient facile *d'énoncer les nombres*. Pour cela on donne à chaque chiffre le nom de la place

qu'il occupe, en commençant par le premier chiffre à gauche : ainsi le chiffre placé au septième rang exprime *des millions;* celui du sixième rang, *des centaines de mille;* celui du cinquième, *des dixaines de mille;* celui du quatrième, *des mille;* celui du troisième, *des centaines;* celui du deuxième, *des dixaines*, et le premier, *des unités*. Par conséquent un nombre composé de sept chiffres, par exemple, 6537986 s'énoncerait ainsi : six millions cinq cent trente-sept mille neuf cent quatre-vingt-six unités.

7) S'il s'agit d'énoncer un plus grand nombre de chiffres, la règle suivante facilitera beaucoup cette opération.

Prenez d'abord sur la droite du nombre donné trois chiffres; séparez le troisième chiffre du quatrième par un trait vertical : le quatrième chiffre exprimera des milles. Prenez de ce trait encore trois chiffres, et séparez encore le sixième du septième par un trait; le septième chiffre exprimera des millions : prenez de ce second trait encore trois chiffres, et séparez le neuvième du dixième par un nouveau trait, vous aurez des billions; et ainsi de suite.

On voit que chaque tranche sera de trois chiffres, excepté la première à gauche, qui peut n'avoir qu'un ou deux chiffres.

Après ce partage, énoncez successivement chaque tranche comme si elle était seule, en commençant par la première à gauche, et en ajoutant le nom des unités du dernier chiffre de chaque tranche. Exemple :

57 | 418 | 187 | 629, ou $\dot{5}74\dot{1}8\dot{1}87629$.

Ce nombre s'énonce ainsi : cinquante-sept *billions* ou milliards, quatre cent dix-huit *millions*, cent quatre-vingt-sept *mille*, six cent vingt-neuf *unités*.

8) On voit donc que, pour énoncer facilement un

nombre de chiffres, quelque grand qu'il soit, il suffit de savoir le partager en tranches de trois chiffres et d'énoncer chaque tranche séparément, en se rappelant que la première à droite est celle des *unités;* la deuxième, celle des *mille;* la troisième, celle des *millions;* la quatrième, celle des *billions* ou milliards; la cinquième, celle des *trillions*, etc.

9) Le zéro, qui par lui-même n'exprime aucune valeur, n'a d'autre usage que d'occuper la place des unités, d'un ordre quelconque, qui manqueraient dans la série. Ainsi, en énonçant le nombre, on passe ce zéro sous silence; mais, lorsqu'il y en a un ou plusieurs, il faut avoir l'attention de donner au chiffre qui les suit la valeur qui lui appartient par le rang qu'il occupe. Par exemple, soit le nombre 6004502.

6 | 004 | 502, ou 6004502.

On l'énonce ainsi : six millions, quatre mille, cinq cent deux unités.

10) Lorsqu'un élève est bien exercé à énoncer les nombres écrits, il lui sera également facile d'écrire ceux qui seraient énoncés. Il suffit qu'il se rappelle pour cela le moyen déjà indiqué, de partager le nombre en tranches de trois chiffres, et le nom que chaque tranche doit avoir, selon qu'elle est la première, la seconde, la troisième ou la quatrième, en partant de la droite, et en observant d'occuper par des zéros le rang des chiffres qui peuvent manquer : par ce moyen il pourra facilement écrire un nombre quelconque proposé. Qu'on lui propose, par exemple, d'exprimer en chiffres treize millions, huit cent six mille, trente; il écrira ainsi :

13 | 806 | 030, ou 13806030,

parce qu'il comprendra de suite que dans la tranche des mille il n'y a pas de *dixaines de mille;* que dans celle des unités il n'y a ni *centaines* ni *unités*, et qu'il remplacera par des zéros ces nombres manquans.

11) De la formation des nombres et de leur numération, que nous venons d'exposer, il suit que les unités d'un chiffre deviennent dix fois plus grandes, à mesure qu'il est plus reculé d'un rang de droite à gauche, et par conséquent qu'elles deviennent de 10 en 10 fois plus petites, à mesure qu'il est plus avancé d'un rang de gauche à droite.

Les tableaux 1 et 2 sont destinés à exercer l'élève sur les moyens d'exprimer les nombres, soit de vive voix, soit par écrit, ce qu'on appelle *la numération*.

12) Toutes les opérations que l'on peut faire sur les nombres, quels qu'ils soient, se réduisent à quatre, l'addition, la soustraction, la multiplication et la division.

Addition.

13) Trouver un nombre qui représente la valeur de plusieurs nombres donnés pris ensemble, est ce qu'on appelle *ajouter*, ou *faire l'addition*. Le nombre ainsi trouvé, ou le résultat de l'addition, s'appelle *somme*.

14) Le signe de l'addition est + qui signifie *plus*; par exemple, 3 + 4 + 5 signifie 3 plus 4 plus 5. Le signe de l'égalité est =; en conséquence l'addition ci-dessus peut s'écrire ainsi, $3 + 4 + 5 = 12$ ou égalent 12.

15) Les choses ou quantités à ajouter doivent toujours être de même espèce : par exemple, on ne peut pas dire, 6 volumes et 3 tableaux font 9 volumes ou 9 tableaux; mais on peut dire, 4 enfans et 2 enfans font 6 enfans.

De même aussi, s'il s'agit d'ajouter plusieurs nombres, on ne peut ajouter ensemble que les chiffres qui sont au même rang ou ordre, c'est-à-dire, les unités aux unités, les dixaines aux dixaines, les centaines aux centaines, etc. C'est pourquoi, en posant une addition, il faut écrire les nombres donnés de manière que les chiffres du même ordre se trouvent toujours dans le même rang ou dans la même colonne; savoir : les unités sous les unités, les dixaines sous les dixaines, les centaines sous les centaines, etc., et n'ajouter que celles du même ordre. Par exemple, 122 + 231 + 345 doivent être écrits ainsi :

```
 122
 231
 345
 ---
 698
```

Quand les nombres sont ainsi écrits, on les souligne et on commence l'opération par la première colonne, qui contient les unités, en disant : 2 et 1 font 3 et 5 font 8; on écrit cette somme au-dessous de la même colonne. Passant à la seconde colonne, celle des dixaines, on dit : 2 et 3 font 5 et 4 font 9, que l'on écrit encore au-dessous de cette même colonne. Passant à la troisième, celle des centaines, on dit : 1 et 2 font 3 et 3 font 6, que l'on écrit encore au-dessous. Par ce moyen la somme demandée se trouve tout entière au-dessous du trait horizontal; elle est, dans cet exemple, 698 unités.

16) Mais, si la somme d'une colonne quelconque contient plus d'unités qu'on ne peut y en écrire, comme dans l'exemple ci-après,

```
  634
  256
  783
  784
 ----
 2457
```

où la colonne des unités en contient 17, qui font 7 unités et 1 dixaine, j'écris au rang des unités les 7 unités, et retiens 1 dixaine pour l'ajouter aux dixaines. Je dis donc : 1 *dixaine retenue* et 3 font 4, et 5 font 9, et 8 font 17, et 8 font 25, somme des dixaines, qui contient 5 dixaines et 2 centaines; j'écris les 5 dixaines au rang des dixaines, et retiens les 2 centaines pour les ajouter aux centaines, en disant 2 *centaines retenues* et 6 font 8, et 2 font 10, et 7 font 17, et 7 font 24; puis j'écris le 4 au rang des centaines et le 2 à gauche au rang des mille; et la somme est 2457.

17) Pour s'assurer qu'une addition est bien faite, on en fait *la preuve*; mais, comme il faut pour cela connaître

la soustraction, nous n'en parlerons qu'après cette opération.

Le tableau 1 (*f.*° 3) ne contient que des additions d'unités qui peuvent être écrites dans une même colonne; c'est pour les premiers commençans.

Le 2.e (*f.*° 4) offre des nombres dans lesquels la somme de chaque colonne contient des unités et des dixaines de cette colonne : dans les uns les nombres donnés sont écrits les uns à la suite des autres; dans les autres ils sont écrits en toutes lettres, afin que l'élève puisse encore s'exercer à bien exprimer les nombres par écrit et à les placer suivant l'ordre des colonnes.

Le tableau 3 (*f.*° 5) offre des exemples plus forts; les autres tableaux, de 4 à 8 (*f.*os 6 à 10), offrent des exemples de plus en plus difficiles.

Soustraction.

18) *Soustraire* ou *retrancher*, c'est ôter un nombre d'un autre qui est plus grand, soit pour trouver combien il reste, ou de combien le plus grand surpasse le plus petit : le résultat de l'opération s'appelle *reste*, *excédant* ou *différence*.

19) Le signe de soustraction est —, qui signifie *moins*; ainsi 6 — 4 = 2 veut dire, 6 moins 4 égale 2; on peut dire aussi, 4 *ôté de* 6, ou simplement 4 *de* 6, reste 2.

20) Pour faire la soustraction, il faut écrire le plus petit des deux nombres donnés au-dessous du plus grand, en observant de placer les unités de même ordre dans la même colonne, ainsi que l'on fait pour l'addition.

21) On commence ensuite par la droite à retrancher chaque chiffre inférieur de celui qui est au-dessus dans la même colonne. Mais dans cette soustraction par colonnes il peut se présenter trois cas différens.

Le chiffre inférieur peut être égal au chiffre supérieur; il peut être plus petit, ou plus grand.

Si le chiffre inférieur est égal au supérieur, le reste est zéro, que l'on écrit au-dessous.

Si le chiffre inférieur est plus petit, le reste se trouve sans difficulté ; on l'écrit de même au-dessous. Par exemple, soit cette soustraction, 6894 — 3874.

De	6894
ôter	3874
	3020

Je dis : 4 ôté de 4, reste rien ou zéro, que j'écris au-dessous ; 7 ôté de 9, reste 2, que j'écris de même au-dessous ; 8 ôté de 8, reste 0, que j'écris de même ; 3 ôté de 6, reste 3, que j'écris aussi : le reste demandé est 3020.

Si le chiffre inférieur est plus grand que le supérieur, la soustraction ne pourra se faire ; alors on emprunte une unité sur le premier chiffre à gauche : cette unité en contient 10 de la colonne à sa droite ; on les ajoute au chiffre trop petit, qui devient nécessairement assez grand pour en pouvoir retrancher le chiffre inférieur. Mais, après avoir fait cet emprunt, il faut se souvenir que le chiffre sur lequel on a emprunté est devenu moindre d'une unité. Exemple : soit 6738 — 2669.

De	6738
ôter	2669
	4069

Après avoir posé les nombres comme il a été expliqué, je dis : 9 ôté de 8 ne se peut ; *j'emprunte* sur le chiffre des dixaines 1 unité, qui, portée au rang des unités simples, vaut 10, que j'ajoute à 8 ; je dis alors : 9 ôté de 18, reste 9, que j'écris au-dessous. Me rappelant ensuite que je n'ai plus que 2 dixaines, je dis : 6 ôté de 2 ne se peut ; j'emprunte sur le chiffre des centaines 1 unité, qui, portée au rang du 2, vaut 10, que j'y ajoute, et je dis : 6 ôté de 12, reste 6, que j'écris encore au-dessous. Me rappelant de même que le chiffre supérieur des centaines est moindre d'une unité, je dis : 6 ôté de 6, reste zéro ; et, enfin, 2 ôté de 6 ou 2 de 6, reste 4 ; et le reste demandé est 4069.

22) Si le chiffre sur lequel il faut emprunter est un zéro, on empruntera sur le premier chiffre à gauche du zéro une

unité, qui, portée au rang du zéro, en vaudra 10, dont on empruntera 1, qui, au rang suivant, en vaudra encore 10, et l'on fera la soustraction comme à l'ordinaire.

Il est facile de voir que, s'il y avait plusieurs zéros de suite, on ferait la même opération, et que par ce moyen chaque zéro vaudrait 9, et que le premier chiffre significatif à gauche des zéros serait moindre d'une unité. Exemple :

De 64007
ôter 5378
58629

Ne pouvant retrancher 8 unités de 7, j'emprunte sur les dixaines ou les centaines; puisqu'il n'y en a pas, j'emprunte sur les 4 une unité de mille, qui, au rang des centaines, vaut 10; j'en laisse 9 et j'emprunte une centaine, que je porte au rang des dixaines; j'en fais encore autant ici : alors le 4 ne vaut plus que 3, et les deux zéros comptent chacun pour 9; je fais ensuite la soustraction comme à l'ordinaire.

23) Au lieu de regarder comme moindre d'une unité le chiffre sur lequel on en aura emprunté une, on peut aussi le laisser tel qu'il est; mais alors il faut ajouter une unité au chiffre inférieur que l'on veut en retrancher, parce que, chacun des deux chiffres étant alors trop fort d'une unité, il y aura toujours la même différence entre eux. Ce moyen est plus court; c'est surtout dans la division que l'on appréciera mieux les avantages de cette méthode. Exemple :

De 51347
ôter 16579
34768

J'écris comme à l'ordinaire, et je dis : 9 ôté de 7 ne se peut; j'emprunte 1 dixaine, qui vaut 10 unités et me donne 17; 9 ôté de 17, reste 8, que j'écris au-dessous. Passant à la 2.e colonne, je devrais dire 7 ôté de 13; mais il est plus court de laisser le chiffre supérieur tel qu'il est, et d'ajouter 1 unité au chiffre inférieur; je dis donc, 8 ôté de 14, et j'ai de même 6 pour reste, parce que, chacun des deux nombres étant trop fort d'une unité, il y a encore entre eux la même différence. Passant à la 3.e colonne, au lieu de dire, comme je le devrais, 5 centaines de 12, je dis, 5 et 1 font 6, ôté de 13, reste 7, ce qui est la même chose que 5 ôté de 12. Passant à la 4.e colonne, au lieu de dire 6 de 10, j'ajoute 1 au chiffre inférieur, et je dis, 7 de 11, reste 4, et, enfin, 1 et 1 font 2, de 5, reste 3, et j'ai le reste 34768, tel que je l'aurais trouvé en opérant comme au n.° 22.

Les tableaux de la soustraction, depuis le 1.er (*f.*° 11) jusques et compris le 8.e (*f.*° 18), offrent quantité de questions depuis les plus simples jusqu'aux plus composées. L'instituteur exercera de même sur les preuves.

Preuves de l'addition et de la soustraction.

24) La preuve d'une opération est, en général, un nouveau calcul que l'on fait pour s'assurer de l'exactitude du premier.

Des diverses manières de faire la preuve de l'addition, celle qui nous paraît préférable consiste à ajouter de nouveau les nombres donnés, à l'exception d'un seul; on retranche cette nouvelle somme de la somme totale, et si l'addition a été bien faite, on doit retrouver pour reste le nombre omis dans la seconde addition; si l'on ne retrouvait pas ce nombre, il y aurait erreur dans le calcul. Exemple :

On a ajouté	67948
	8692
	7536
Somme totale,	84176
Somme partielle,	16228
	67948

J'ajoute de nouveau les deux derniers nombres donnés; j'écris leur somme 16228 au-dessous de la somme totale, et je retranche; j'obtiens pour reste le premier nombre 67948, omis dans l'addition partielle : ce qui prouve que mon calcul est exact. Il est évident qu'on aurait pu omettre, dans l'addition de preuve, tout autre des nombres donnés, et qu'on l'aurait retrouvé pour reste, à moins d'erreur dans le calcul.

25) Quant à la soustraction, sa preuve consiste à ajouter le nombre retranché avec le reste ou la différence ; si l'opération est bien faite, on retrouve à la somme le nombre supérieur. Exemple :

De	67043
on a ôté	8796
	58247
	67043

J'ajoute le nombre retranché avec le reste ; et il est évident que ces deux nombres composent ensemble celui dont on a retranché.

Multiplication.

26) *Multiplier* c'est en général ajouter plusieurs fois un nombre à lui-même.

Multiplier un nombre par un autre, c'est le répéter autant de fois qu'il y a d'unités dans cet autre.

Le nombre que l'on multiplie s'appelle *multiplicande;* celui par lequel on multiplie, ou qui indique combien de fois le multiplicande doit être pris ou répété, s'appelle *multiplicateur;* le nombre trouvé ou le résultat de l'opération se nomme *produit.*

Le multiplicande et le multiplicateur, pris ensemble, se nomment aussi *les facteurs* du produit ; par exemple : soit 12 à multiplier par 4.

12 est le multiplicande, }
4 est le multiplicateur, } les deux facteurs.

48 est le produit.

27) Le signe de la multiplication est $\times$, qui signifie *multiplié par* ou *fois* : ainsi 5×4 veut dire 5 *multiplié par* 4, ou 5 *fois* 4 ; $5 \times 4 = 20$.

28) On voit que la multiplication n'est qu'une addition répétée et abrégée. Dans l'exemple ci-dessus, 5×4 est la même chose que 5 pris 4 fois ou $5 + 5 + 5 + 5 = 20$.

29) Pour faire cette opération, il faut d'abord connaître

la table de multiplication, communément appelée *le livret* *), qui donne les produits de tous les nombres exprimés par un seul chiffre, multipliés entre eux : les commençans doivent apprendre tous ces produits par cœur.

30) Il est facile de comprendre que, quel que soit l'ordre des facteurs, le produit est toujours le même; par exemple, 9 × 7 est la même chose que 7 × 9; le produit de ces deux facteurs est toujours 63.

---

*) *Table de multiplication.*

1	2	3	4	5	6	7	8	9	10
2	4	6	8	10	12	14	16	18	20
3	6	9	12	15	18	21	24	27	30
4	8	12	16	20	24	28	32	36	40
5	10	15	20	25	30	35	40	45	50
6	12	18	24	30	36	42	48	54	60
7	14	21	28	35	42	49	56	63	70
8	16	24	32	40	48	56	64	72	80
9	18	27	36	45	54	63	72	81	90
10	20	30	40	50	60	70	80	90	100

Pour se servir de cette table, on cherche l'un des deux chiffres donnés dans la première ligne, et l'autre dans la première colonne du haut en bas : le nombre qui se trouve dans la case correspondante à ces deux chiffres est le produit cherché. Exemple : soit 7 × 9. Je cherche la case qui correspond à la fois au 7 de la première ligne et au 9 de la première colonne; j'y vois le nombre 63, qui est le produit demandé.

31) La multiplication étant une addition répétée, le produit doit être de même espèce que le multiplicande, puisque c'est le multiplicande répété un certain nombre de fois; par exemple : combien coûtent 4 livres de tabac, à 6 fr. la livre? on multiplie le prix d'une livre par 4, et l'on a 24 fr.

32) La multiplication d'un chiffre par un autre se fait par cœur au moyen de la table de multiplication.

33) Si le multiplicande a plusieurs chiffres, comme dans l'exemple 634 à multiplier par 6, ou 634×6; j'écris d'abord les facteurs comme il suit :

$$\begin{array}{r} 634 \\ 6 \\ \hline 3804 \end{array}$$

Ensuite, je commence par multiplier les unités en disant, 6 fois 4 unités font 24, c'est-à-dire, 4 unités et 2 dixaines que je retiens pour ajouter ensuite au produit des dixaines; j'écris les quatre unités au-dessous des unités. Je dis ensuite : 6 fois 3 font 18; j'ajoute à ce produit les 2 dixaines retenues, ce qui donne 20; je pose au second rang zéro et je retiens 2 centaines. Enfin je dis : 6 fois 6 font 36 centaines, et 2 retenues font 38. J'écris le 8 au rang des centaines et le 3 à sa gauche, ce qui me donne au produit 3804.

34) On a quelquefois à faire plusieurs multiplications de suite, comme $24 \times 3 \times 6$. Ces multiplications se font successivement; ainsi :

$$\begin{array}{lr} \text{mult.} & 24 \\ \text{par} & 3 \\ \hline \text{mult.} & 72 \\ \text{par} & 6 \\ \hline & 432 \end{array}$$

ou bien en multipliant d'abord entre eux les différens multiplicateurs: dans ce cas-ci on multiplierait 3 par 6; puis on multiplierait le nombre donné 24 par le produit de 3×6.

Le tableau 1 (*f.*° 19) offre des exemples dans lesquels le multiplicateur n'est que d'un seul chiffre. Cette espèce de multiplication ne peut plus offrir de difficulté.

35) Si le multiplicateur contient deux ou plusieurs chiffres, c'est-à-dire, si outre les unités il contient des dixaines, des centaines, etc., par exemple, s'il s'agit de

multiplier 2634 par 358, on écrit, comme à l'ordinaire, le multiplicateur sous le multiplicande, de façon que les unités de même rang soient dans la même colonne; puis on multiplie, comme il vient d'être dit, tout le multiplicande par les unités du multiplicateur; on multiplie ensuite de même tout le multiplicande par les dixaines du multiplicateur, mais il faut écrire le premier chiffre du produit au rang des dixaines et les autres chiffres en suivant de droite à gauche; on multiplie ensuite de même par le troisième chiffre du multiplicateur, celui des centaines, en écrivant le premier chiffre du produit au rang des centaines, et ainsi de suite. On ajoutera ces divers produits, et leur somme sera le produit total. Dans l'exemple donné, on opèrera ainsi:

```
Multiplier  2634
       par   358  ou 2634 × 358.
           -----
           21072
          13170
          7902
          ------
          942972 ; donc 2634 × 358 = 942972.
```

La raison de cette règle est que, si vous multipliez par 5 dixaines ou par 50, le produit est nécessairement 10 fois plus grand que si vous multipliez par 5 unités : il faut donc mettre le premier chiffre de ce produit au rang des dixaines, etc.

36) Si le multiplicande ou le multiplicateur, ou tous les deux à la fois, étaient terminés par des zéros, on abrégerait l'opération en multipliant comme si ces zéros n'y étaient pas; mais on les mettrait tous à la droite du produit total. Exemple :

```
Multiplier 6500
       par  370
          -----
            455
           195
         -------
         2405000
```

Je multiplie seulement 65 par 37, et j'écris à la droite du produit total trois zéros. En effet, le produit de 65 unités ne serait que des unités (n.° 29) et il doit être des centaines, puisque le multiplicande était des centaines : donc il faut d'abord ajouter deux zéros. De plus, en multipliant par 37 unités, au lieu de 37 dixaines, le produit se trouverait aussi dix fois trop petit ; il faut donc encore un zéro : ce qui fait en tout trois, c'est-à-dire, autant qu'on en avait supprimé pour faire la multiplication.

37) Si parmi les chiffres du multiplicateur il se trouve un ou plusieurs zéros, comme le produit par ces zéros ne donnerait que des zéros, on se dispense de même de les écrire, et, multipliant par le premier chiffre significatif qui vient après un zéro, on recule le premier chiffre du produit suivant d'autant de rangs plus un qu'il y a de zéros, c'est-à-dire, de deux rangs, s'il y en a un; de trois rangs, s'il y en a deux, etc. Par exemple :

Mult.	67428
par	6004
	269712
	404568..
	404837712

En effet, puisqu'il n'y a ni dixaine ni centaine, le 6 du multiplicateur est au rang des mille ; le produit par ce 6 est donc aussi mille fois plus grand, et doit être au rang des mille.

Les tableaux de multiplication, 2 (*f.*° 20 et suivans) jusques et compris 8 (*f.*° 26), offrent un grand nombre de questions sur les différens cas de la multiplication.

38) La preuve de la multiplication se fait par la division ; nous nous en occuperons après la division.

Division.

39) Diviser un nombre par un autre, c'est, en général, chercher combien de fois un nombre en contient un autre.

C'est aussi partager un nombre en autant de parties qu'il y a d'unités dans un autre, ou bien retrancher un certain nombre de fois un nombre d'un autre.

Le nombre que l'on divise se nomme *dividende;* celui par lequel on divise, ou qui doit être contenu un certain nombre de fois dans le dividende, se nomme *diviseur;* on nomme *quotient*, le résultat de l'opération, ou le nombre qui indique combien de fois le dividende contient le diviseur.

40) Le signe de la division est :, qui signifie *divisé par;* on l'indique aussi en écrivant le dividende au-dessus du diviseur, et les séparant par un trait horizontal; par exemple, s'il s'agit de diviser 8 par 4, on écrit, $8 : 4 = 2$, ou $\frac{8}{4} = 2$, et l'on dit, 8 divisé par 4 égale 2, ou 4 est contenu en 8 deux fois.

41) De même que la multiplication peut être regardée comme une addition répétée, de même aussi la division peut être regardée comme une soustraction répétée.

42) Dans la division, l'espèce du quotient dépend toujours de l'état de la question. Cette considération de l'espèce du quotient est très-importante, et l'instituteur aura soin de s'y arrêter.

43) La table de multiplication est la première chose à savoir pour pouvoir faire la division, parce que, de même qu'elle donne tous les produits d'un seul chiffre par un autre, de même aussi elle indique combien de fois un nombre d'un ou de deux chiffres contient un nombre d'un seul chiffre.

44) Pour faire la division, prenons d'abord le cas où le diviseur n'a qu'un seul chiffre, et le dividende plusieurs.

Soit, par exemple, 7554 à diviser par 3.

7554	3
6	2518
15	
15	
05	
3	
24	

Je place le diviseur à la droite du dividende, en les séparant par un trait vertical; je souligne le diviseur, ce qui me donne la place du quotient.

Je commence ensuite la division par le premier chiffre à gauche du dividende, ou par les deux premiers si le premier ne contenait pas le diviseur : dans cet exemple le premier suffit.

Je dis, en 7 combien de fois 3? il y est 2 fois; j'écris ce premier quotient partiel au-dessous du diviseur. Je multiplie ensuite le diviseur par ce quotient, et je porte le produit 6 sous la partie du dividende que je viens d'employer, c'est-à-dire, sous le 7. Je fais la soustraction, et j'écris le reste 1 au-dessous; à côté de ce reste j'écris ou j'abaisse le chiffre suivant du dividende, ce qui me donne pour nouveau dividende partiel 15. Je cherche combien de fois ce nouveau dividende contient le diviseur 3; j'écris le quotient 5 à côté de celui déjà trouvé. Je multiplie ensuite le diviseur par ce nouveau quotient, et j'écris le produit 15 au-dessous du dividende 15; je fais la soustraction, dont le reste est zéro. J'abaisse le chiffre suivant, et je dis : En 5 combien de fois 3? il y est une fois; je mets 1 au quotient. Je multiplie le diviseur par le quotient, et je porte le produit 3 sous le dividende partiel 5. Je retranche; à côté du reste 2 j'abaisse le dernier chiffre du dividende, ce qui me donne 24 pour dernier dividende partiel, et je dis : En 24, combien de fois 3? il y est huit fois, que j'écris à la suite du quotient. Je multiplie ensuite le diviseur 3 par ce dernier quotient 8, ce qui me donne au produit 24, qui, étant retranché du dividende 24, me donne 0 pour reste de la division, et 2518 pour le quotient, c'est-à-dire, pour le nombre qui indique combien de fois le diviseur est contenu dans le dividende.

On voit par cette opération, que le quotient doit toujours avoir autant de chiffres que l'on a fait de divisions partielles.

45) Lorsque le diviseur a plusieurs chiffres, voici la règle à suivre.

On prend sur la gauche du dividende autant de chiffres qu'il en faut pour contenir le diviseur.

Ensuite, au lieu de chercher combien de fois ce premier dividende partiel contient tout le diviseur, on cherche seulement combien de fois le premier ou, s'il est trop faible, les deux premiers chiffres de ce dividende contiennent le premier chiffre du diviseur, on écrit ce nombre de fois au quotient. On multiplie ensuite (règle n.° 33) successivement chaque chiffre du diviseur par le quotient trouvé, et on porte chaque chiffre de ce produit sous le chiffre correspondant du dividende partiel; on fait la soustraction, et à la droite du reste on abaisse le chiffre suivant dans le dividende. Par exemple :

Diviser 21906126 par 627, ou $\frac{21906126}{627}$.

J'écris ainsi :

```
Div. 21906126 | 627
     1881     |------
     ----     | 34938
      3096
      2508
      ----
       5881
       5643
       ----
        2382
        1881
        ----
         5016
         5016
         ----
         0000
```

et faisant l'opération comme ci-à côté, je trouve pour quotient 34938, qui indique que 21906126 contient 34938 fois 627 exactement et sans reste; ce qui me donne $\frac{21906126}{627}$, ou bien, $21906126 : 627 = 34938$.

Division abrégée.

46) Aussitôt que les commençans sauront bien faire une division, il est à propos que l'instituteur les exerce sur la division abrégée, qui consiste à se dispenser d'écrire chaque fois le produit du diviseur par le quotient partiel trouvé pour faire ensuite la soustraction, et à faire cette soustraction de tête et chiffre par chiffre, à mesure que l'on multiplie. Prenons le même exemple, n.° 45.

```
Div. 21906126 | 627
      3096    |------
       5881   | 34938
        2382
         5016
```

Après avoir, comme ci-dessus, pris les quatre premiers chiffres à gauche pour premier dividende partiel, je cherche combien de fois les deux premiers chiffres contiennent le premier chiffre 6 du diviseur; j'ai 3 pour quotient. Alors, au lieu de multiplier tout le diviseur et d'écrire le produit entier, je dis : 3 fois 7 font 21. Oter 21 de 0, ne se peut; j'emprunte sur le 9 à gauche 3 unités, qui, portées au rang du 0, valent 30. Je dis, 21 de 30, reste 9, que j'écris au-dessous; je dis ensuite, 3 fois 2 font 6. Mais je me rappelle qu'ayant emprunté 3 unités sur le 9 il ne vaut plus que 6, ce qui me donne 6 de 6, reste 0, que j'écris au-dessous. Ici, il est encore à observer qu'il est bien plus court de laisser le chiffre sur lequel on avait emprunté tel qu'il est, et d'ajouter (n.° 23), au chiffre inférieur que l'on doit retrancher, autant d'unités que l'on en avait emprunté; dans ce cas, par exemple, laisser tel qu'il est le chiffre 9, et ajouter 3 au produit du second chiffre du diviseur par le quotient : le reste sera toujours le même. En effet, le chiffre supérieur est trop fort de 3 unités; mais j'ai aussi rendu le chiffre inférieur trop fort de 3 unités : il y a donc encore entre eux la même différence. Je dirai ensuite, 3 fois 6 font 18, de 21 reste 3, et j'ai pour reste de la première division partielle 309, comme au n.° 45. C'est à l'instituteur de continuer le raisonnement en achevant l'opération.

47) Nous allons placer ici quelques développemens propres à garantir les commençans des fautes que l'on fait quelquefois dans la division.

Il peut arriver, surtout quand le diviseur a plusieurs chiffres, que l'on obtienne un quotient partiel plus fort que 9. Cependant un quotient partiel quelconque ne peut jamais avoir de dixaines : ce serait une preuve que le quotient précédent serait trop faible d'une unité; il faudrait donc alors recommencer la division précédente. Au surplus, on doit s'apercevoir d'abord de cette erreur, parce que, si le quotient d'une division partielle est trop faible, le reste de cette division est plus fort que le diviseur.

S'il se trouve un dividende partiel plus faible que le diviseur, on met un zéro au quotient, et on abaisse à côté de ce dividende le chiffre suivant.

48) Il arrive aussi assez souvent aux commençans d'écrire un quotient trop fort, et de ne s'en apercevoir qu'en retranchant le produit du diviseur par le quotient. Cette erreur est facile à éviter au moyen d'un petit calcul de tête, que nous allons développer par un exemple.

Soit 10656 : 296, ou $\frac{10656}{296}$.

J'opère ainsi :

```
10656 | 296          Division abrégée :  10656 | 296
 888  |-----                                1776 |-----
----- | 36                                  0000 | 36
 1776
 1776
-----
 0000
```

Je prends sur la gauche du dividende autant de chiffres qu'il en faut pour pouvoir contenir le diviseur, et j'ai pour premier dividende partiel 1065. Je cherche combien de fois les 10 centaines de ce dividende contiennent les 2 centaines du diviseur, et je trouve 5. Comme 5 fois 2 centaines font 10, je vois qu'il ne resterait plus au dividende que 65, qui ne peuvent contenir 5 fois 96; j'en conclus que le quotient 5 est trop fort. J'essaie encore par cœur le 4, qui, multiplié par les 2 centaines du diviseur, me donne 8; les ôtant des 10 à gauche du dividende partiel, reste 2 centaines, qui valent 20 dixaines, et 6, que j'ai déjà, font 26. Mais 26 dixaines ne contiennent pas 9 dixaines 4 fois; le 4 est donc encore trop fort. J'essaie le 3; 3 fois 2 font 6; de 10 reste 4 centaines, qui, portées au rang des dixaines, valent 40, et 6 font 46, qui contiennent les 9 dixaines du diviseur plus de 3 fois: le quotient 3 est donc le vrai quotient, que j'écris, et j'achève la première division partielle.

A la droite du reste 177 j'abaisse le chiffre suivant, et j'ai pour dividende partiel 1776. Je dis: en 17 combien de fois 2? il y est 8 fois; 8 fois 2 font 16; de 17 reste 1 centaine, qui vaut 10 dixaines, et 7 que j'ai font 17, qui ne peuvent contenir 9 dixaines 8 fois; le 8 est donc trop fort. J'essaie le 7, et je dis : 7 fois 2 font 14, de 17 reste 3 centaines, qui, portées au rang suivant, font 30 dixaines, et 7 qui y sont font 37. En 37 dixaines combien de fois les 9 dixaines du diviseur? elles n'y sont pas 7 fois: donc le 7 est trop fort. J'essaie le 6, qui, multiplié par les deux centaines du diviseur, me donne 12; ôté de 17 reste 5, qui valent 50 dixaines, et 7 que j'ai font 57 dixaines, qui contiennent les 9 dixaines du diviseur 6 fois avec un reste. J'en conclus que le 6 n'est pas trop fort; je l'écris et j'achève la division.

49) Il est évident que les élèves bien exercés à cette méthode ne feront plus les fautes désignées dans les deux numéros précédens.

Il faut surtout aussi qu'ils soient bien exercés à la division abrégée, dont les avantages sont faciles à apprécier.

50) Si le dividende et le diviseur étaient tous deux terminés par des zéros, il faudrait, pour abréger l'opération, supprimer le même nombre de zéros à chacun des deux nombres, ce qui se fait en les barrant; par exemple :

Si j'avais 8000 à diviser par 400, j'écrirais ainsi :

8000 | 400 et mon opération se réduirait à la division de 80 par 4. En effet, que ce soient des centaines ou des unités simples, 80 contiendra toujours 4 vingt fois; 80 centaines contiendraient 4 centaines ou 80 mille contiendraient 4 mille le même nombre de fois.

Les huit tableaux, depuis 1 (*f.*° 27) jusques et compris 8 (*f.*° 34), offrent un grand nombre de questions diverses sur la division : le dernier (*f.*° 34) offre des questions composées sur les quatre règles.

51). La preuve de la division se fait en multipliant le diviseur par le quotient. Il est évident qu'on doit avoir pour produit le dividende ; si la division avait un reste, on ajouterait ce reste au produit et l'on retrouverait de même le dividende. Nous reviendrons plus tard sur ce reste et sur l'emploi qu'on peut en faire.

Quant à la preuve de la multiplication, elle se fait en divisant le produit par l'un des deux facteurs : il est évident que si la multiplication est bien faite, on doit retrouver au quotient l'autre facteur.

Des parties décimales, et de leur application au nouveau système des monnaies, poids et mesures.

52) Nous nous sommes occupés jusqu'à présent de la manière d'exprimer tous les nombres entiers ou composés d'unités entières seulement, et de les combiner entre eux selon les règles du calcul. Nous allons nous occuper d'exprimer et de calculer les parties de l'unité.

53) Quelle que soit l'unité dont il s'agit, il est facile de la partager ou de la concevoir partagée en autant de parties égales qu'on voudra, et de prendre une ou plusieurs de ces parties ; c'est ce qu'on nomme en général *fractions*.

54) On peut aussi exprimer ces parties de l'unité par des unités plus petites, ayant des dénominations particulières et soumises, pour le calcul, à des règles particulières. C'est ainsi qu'en France on était convenu de partager l'unité monétaire nommée la livre en 20 parties appelées *sous*, le sou en 12 parties appelées *deniers*. C'est encore ainsi que la toise, servant à mesurer les longueurs, était partagée en 6 parties nommées *pieds ;* le pied en 12 parties nommées *pouces*, le pouce en 12 parties nommées *lignes*, etc. C'est cette espèce de nombres que l'on nomme *nombres complexes*.

55) Mais, de toutes ces divisions et subdivisions de l'unité

quelconque, la plus claire, la plus simple, dans l'usage qu'on en peut faire, c'est la division décimale, c'est-à-dire, en parties de 10 en 10 fois plus petites, parce qu'elle suit la même loi que les nombres entiers (voy. n.° 9 de la numération).

56) Rappelons-nous que les unités d'un chiffre sont de 10 en 10 fois plus grandes à mesure qu'il est plus reculé d'un rang de droite à gauche; que, par la même raison, ces unités sont de 10 en 10 fois plus petites à mesure qu'il avancera d'un rang vers la droite. C'est la loi fondamentale de la formation des nombres.

57) Il résulte de cette loi que dans le nombre 44, par exemple, chaque unité du premier 4 à droite est 10 fois plus petite que chaque unité du second 4. En effet, ce second 4 exprime 4 dixaines ou 40, le premier n'exprime que 4 unités. Cela posé, si à la droite de ce 4 des unités on suppose un nouveau 4 dont les unités soient soumises à la même loi, chacune de ses unités sera dix fois plus petite que l'unité; chacune sera donc une dixième partie d'unité ou de l'unité quelconque : dès-lors on exprime par le même chiffre ce nouveau 4; mais, pour indiquer qu'il ne représente que des dixièmes parties de l'unité, en l'écrivant à la droite de ces unités, on le sépare par une virgule. Le nombre dont il s'agit s'écrirait donc ain i : 44,4, qui veut dire *quarante-quatre entiers* ou *unités entières, et quatre dixièmes.*

On peut de même considérer ces 4 dixièmes de l'unité quelconque comme composés chacun de 10 autres parties qui sont chacune dix fois plus petites : il en faudrait donc cent pour former l'unité; c'est pourquoi on les nomme centièmes, et, pour les distinguer des dixièmes, on les place encore à leur droite. Ainsi, pour exprimer 4 de ces nouvelles unités, j'écrirais 44,44, ce qui veut dire *quarante-quatre entiers, quatre dixièmes et quatre centièmes*, ou *quarante-quatre entiers, quarante-quatre centièmes.*

De même que ces centièmes sont la dixième partie des dixièmes ou la centième partie de l'unité principale quelconque, de même aussi, si on partageait encore un centième en 10 autres parties, chacune de ces parties serait 10 fois plus petite, et il en faudrait 10 fois plus, c'est-à-dire, mille pour faire l'unité : on les appelle donc *millièmes*. Pour exprimer 4 de ces nouvelles unités, j'écrirais 4 à la suite du nombre ci-dessus, et j'aurais 44,444, c'est-à-dire, *quarante - quatre entiers, quatre dixièmes quatre centièmes et quatre millièmes*, ou *quatre cent quarante-quatre millièmes ;* et ainsi de suite.

Le tableau 1 (*f.*° 35) offre des exemples de la formation des décimales et du nom que prend chaque colonne.

En continuant de subdiviser ainsi en parties de 10 en 10 fois plus petites, on obtiendrait successivement des *dix-millièmes*, des *cent-millièmes*, *millionièmes*, *dix-millionièmes*, *cent-millionièmes*, *billionièmes*, etc., qu'on écrirait successivement de gauche à droite.

58) On conçoit facilement, en partant de cette formation, que, s'il manquait, dans la série, des parties décimales d'un rang ou d'un ordre quelconque, on occuperait ce rang par un zéro.

59) Les parties de l'unité que nous venons de décrire, sont ce qu'on appelle *les décimales*.

60) Quant à la manière de les énoncer, elle est la même que pour les autres nombres, ce qui est évident, puisque leur formation est la même. Ainsi, après avoir nombré et énoncé les chiffres à la gauche de la virgule qui représentent les entiers, on énonce, par le même moyen, les chiffres à droite de cette virgule, en ajoutant à la fin le nom des unités décimales du dernier rang à droite.

En effet, si nous reprenons l'exemple ci-dessus 44,444, il est facile de comprendre que, chaque dixième valant 10 centièmes, 4 dixièmes vaudront quarante centièmes, qui, joints aux 4 centièmes de la seconde colonne, vaudront 44 centièmes; de même aussi, un centième valant 10 millièmes, le millième sera 10 fois plus petit qu'un centième et mille fois plus petit que l'unité. Ainsi, 4 centièmes ou 40 millièmes seront la même chose; ainsi, le nombre en question 44,444 s'énoncera ainsi : *quarante-quatre entiers, quatre cent quarante-quatre millièmes.*

61) Il est aussi facile de voir que, s'il y avait un plus grand nombre de chiffres, soit décimaux, soit entiers, il faudrait partager en tranches de 3 chiffres le nombre à droite comme celui à gauche de la virgule, et les énoncer séparément.

Le tableau 2 (*f.*° 36) offre grand nombre d'exemples de numération.

Le tableau 3 (*f.*° 37) offre des exemples de nombres énoncés qu'il faut écrire.

Le tableau 4 (*f.*° 38) offre des exemples de nombres plus grands, à énoncer de vive voix ou à exprimer par écrit.

Le tableau 5 (*f.*° 39) offre de ces exemples encore plus compliqués, ensuite des exemples de ce qui résulte du déplacement de la virgule; enfin, des exemples servant à prouver qu'on ne change rien aux nombres décimaux en plaçant un ou plusieurs zéros à leur droite.

62) Quant à l'espèce des unités du dernier chiffre de décimales, on la trouvera facilement, en comptant successivement de gauche à droite et en appliquant à chaque chiffre depuis la virgule, les noms suivans : *dixièmes, centièmes, millièmes, dix-millièmes, cent-millièmes, millionièmes*, etc.

Pour exprimer en chiffres ou écrire un nombre qui renferme des parties décimales, la règle est de compter par les doigts combien il faut de rangs pour exprimer le nombre proposé en décimales, puis d'écrire ce nombre, et, s'il n'y a pas assez de chiffres pour que le dernier soit de l'ordre demandé, de remplir les rangs vides par des zéros. Par exemple, s'il s'agissait d'écrire 604 cent-millièmes, je compte par mes doigts qu'il faut cinq chiffres pour exprimer des cent-millièmes, puisqu'ils sont au cinquième rang;

je mets donc deux zéros à la gauche de 604, puis un o pour indiquer la place des entiers, et j'écris 0,00604 (n.° 58).

63) Examinons maintenant les changemens que subit un nombre renfermant des décimales, si l'on déplace la virgule. Puisque la virgule détermine la place des unités, il est évident que, si on la recule d'un, deux, ou trois rangs vers la gauche, on rend les nombres dix, cent ou mille fois plus petits : car, si vous la reculez d'un rang, les unités qui se trouveront à droite de cette virgule et qui auparavant se trouvaient à sa gauche, deviennent des dixièmes; les dixièmes, qui étaient au premier rang à droite de la virgule, se trouvant au second, deviennent dix fois moindres, et sont donc des centièmes; les centièmes deviennent des millièmes, les millièmes des dix-millièmes, c'est-à-dire qu'après le déplacement chaque chiffre de décimales représente des parties dix fois moindres. Quant aux chiffres à gauche de la virgule, nous avons déjà vu que les unités étaient devenues des dixièmes; les dixaines deviennent aussi dix fois moindres et prennent la place des unités; les centaines se trouvent au rang des dixaines, les mille au rang des centaines : de façon que les unités de chaque chiffre deviennent dix fois plus petites, si vous reculez d'un rang; cent fois, si vous reculez de deux rangs; mille fois, si vous reculez de trois rangs vers la gauche, et ainsi de suite.

64) Au contraire, si vous avancez la virgule d'un, deux ou trois rangs vers la droite, vous rendez les unités de chaque chiffre dix, cent, mille fois, etc., plus grandes.

65) Nous observerons, enfin, qu'en mettant un ou plusieurs zéros à la suite d'un nombre qui renferme des décimales, on ne change pas sa valeur. Ainsi 0,4 est la même chose que 0,40 ou 0,400, etc., parce qu'un dixième vaut dix centièmes; ainsi 4 dixièmes vaudront 40 centièmes : de même aussi, 1 dixième vaut 10 centièmes, 1 centième vaut 10 millièmes; ainsi 4 dixièmes ou 40

centièmes, ou 400 millièmes, sont la même chose. C'est comme si l'on disait 4 quintaux ou 400 livres, parce que, dans le second cas, il y a 100 fois plus d'unités, qui sont chacune la centième partie du quintal, c'est-à-dire, 100 fois plus petites. D'ailleurs, il est évident que 4 dixièmes et 0 centièmes, ou 40 centièmes, est la même chose que 4 dixièmes. (Le tableau 5 (*f.*° 39) offre des exemples à l'appui de ces principes.)

Lorsqu'une fois les élèves auront bien appris ces principes des *parties décimales*, que l'on nomme simplement *décimales*, il leur sera facile d'opérer sur les nombres qui expriment ou des entiers joints aux décimales, ou des décimales seulement.

Mais, avant de passer à ces opérations, nous allons examiner les diverses unités usuelles auxquelles on a adapté le système décimal, et qui remplacent déjà avec tant d'avantage l'ancienne division des poids et mesures, si compliquée par son irrégularité et par la diversité des règles à suivre pour les soumettre au calcul.

Du nouveau système d'unités usuelles.

66) On sait, et nous l'avons déjà dit, que non-seulement chaque espèce d'unités usuelles était, jusqu'à nos jours, divisée et subdivisée d'une manière particulière dans chaque pays, mais aussi qu'elles variaient d'une province et souvent d'une ville à l'autre.

De là ces difficultés dans le commerce des denrées les plus communes, ces différences du pied, de l'aune, du boisseau, du septier, de la pinte, des monnaies même, qui n'étaient que des germes de contestations, et une source féconde de spéculations illicites ou même de friponneries.

67) Depuis long-temps le mal était connu, et des hommes éclairés avaient déjà insisté sur les avantages sans nombre qu'offrirait l'uniformité des poids et mesures, tout en reconnaissant les difficultés, ou plutôt la presque-impos-

sibilité de cette grande réforme : il appartenait aux savans français de réaliser ce beau projet.

68) Le système actuel des unités usuelles réunit et offre trois avantages principaux : l'invariabilité de sa base, qui est le mètre ; l'uniformité dans les divisions et subdivisions, et la loi unique de ces subdivisions, qui est celle de la numération même : d'où il suit que tous les calculs peuvent désormais se faire à l'aide seule des mêmes quatre règles que nous venons de donner.

Autrefois, ni les dénominations ni les valeurs n'avaient rien d'uniforme : ainsi, dans les monnaies on comptait par *vingtaines* ou *sous*, par *douzaines* ou *deniers* ; dans les mesures de longueur on comptait par *sixaines* ou *pieds*, par *douzaines* ou *pouces*, par *douzaines* ou *lignes* ; dans les poids, par *demi-livres* ou *marcs*, par *huitaines* ou *onces*, par *huitaines* ou *gros*, par *tiers* ou *deniers*, etc. : de façon que ces calculs exigeaient tout à la fois des efforts de mémoire et de combinaisons. Toutes ces difficultés disparaissent devant le nouveau système, et, grâce à cette heureuse innovation, l'arithmétique entière se réduit aux quatre premières règles, dont la règle de trois elle-même n'est qu'une conséquence. Les nombres complexes et les fractions, devenus tout-à-fait inutiles, ne serviront bientôt plus qu'à rappeler les difficultés qui embarrassaient les calculs dans l'ancien système.

Mais, il en faut convenir, quoique aujourd'hui la carrière soit tracée et le but atteint, l'introduction de ce système et son application aux besoins de la vie éprouvent encore beaucoup de résistance, qu'il faut imputer surtout à l'esprit de routine et aux préventions des classes les moins éclairées, qui, cependant, sont généralement les plus intéressées à la propagation d'un système dont les avantages sont presque tout entiers pour elles, puisque la simplicité des calculs les met plus particulièrement à leur portée.

69) Dans un ouvrage de la nature de celui-ci, il serait déplacé d'exposer les travaux et les recherches sur lesquels porte la base du système : nous allons nous borner à donner les différentes unités principales adoptées, leurs multiples et leurs subdivisions ou sous-multiples, et à faire connaître les unités anciennes qu'elles sont destinées à remplacer, afin que l'instituteur puisse en donner à ses éléves des idées assez développées pour leur faire apprécier les avantages du système, que d'autres gouvernemens ont déjà adopté. Parlons d'abord des monnaies.

70) L'unité monétaire aujourd'hui adoptée est *le franc :* il se subdivise en dixième de franc ou *décime,* en centième de franc ou *centime*, en millième de franc ou *millime*. On voit dès-lors que le franc se subdivise en parties de 10 en 10 fois plus petites, c'est-à-dire qu'il suit la loi de la formation des parties décimales, et que par conséquent les calculs en francs, décimes, centimes, et millimes quand il s'en trouve, se font entièrement comme ceux des nombres entiers, la virgule seule faisant la distinction entre les francs et les subdivisions du franc.

Les *francs*, *décimes*, *centimes* et *millimes* remplacent la *livre ancienne*, le *sou* et le *denier* : nous verrons plus tard leurs valeurs relatives.

Le tableau 6 (*f.*° 40) offre, sous les 8 premiers numéros, les exemples relatifs.

71) L'unité destinée à mesurer les longueurs est *le mètre :* il se subdivise en dixièmes de mètre ou *décimètres*, centièmes de mètre ou *centimètres*, millièmes de mètre ou *millimètres*. Ses multiples sont les *dixaines* de mètres ou *décamètres*, les *centaines* de mètres ou *hectomètres*, les *mille* de mètres ou *kilomètres*, les *dixaines de mille* de mètres ou *myriamètres*.

De là, et puisque les multiples, ainsi que les subdivisions du mètre, suivent la loi ordinaire de la formation des nombres, il résulte évidemment que leurs calculs se font entièrement comme ceux des nombres entiers.

Le tableau 6 (*f.*° 40) offre les exemples relatifs, au titre : *Mesures linéaires.*

72) L'unité destinée à mesurer les terres, ou la mesure agraire, est l'*are* : on l'emploie plus particulièrement dans l'arithmétique pour les calculs relatifs à la mesure des champs, forêts, prairies, etc.

Ses subdivisions sont le dixième d'are ou *déciare*, le centième d'are ou *centiare.*

Ses multiples sont la dixaine d'ares ou *décare*, la centaine d'ares ou *hectare*, le mille d'ares ou *kilare*, la dixaine de mille d'ares ou *myriare.* Les dénominations de *décare* et *kilare* ne sont point usitées. (Voyez le tableau 7, *f.*° 41.)

73) L'unité principale des poids est le *gramme.*

Ses subdivisions sont le dixième de gramme ou *décigramme*, centième de gramme ou *centigramme*, millième de gramme ou *milligramme.* Le gramme et le décigramme remplacent le gros, le denier et le grain.

Ses multiples sont la dixaine de grammes ou *décagramme*, la centaine de grammes ou *hectogramme*, le mille de grammes ou *kilogramme*, la dixaine de mille de grammes ou *myriagramme.*

Tous ces multiples et sous-divisions sont usités, à l'exception de la dénomination de décagramme, qui n'est guère employée que dans les calculs.

Voir tabl. 7 (*f.*° 41), au titre, *Poids*, les exemples relatifs.

74) L'unité fondamentale des mesures de capacité est le *litre* : ses multiples ou sous-multiples servent à mesurer les liquides, les grains, graines, etc.

Les subdivisions ou sous-multiples du litre sont le *décilitre* ou la dixième partie du litre, *centilitre* ou centième partie du litre, *millilitre* ou millième partie du litre.

Ses multiples sont le *décalitre* ou dixaine de litres, l'*hectolitre* ou centaine de litres, *kilolitre* ou mille de litres *myrialitre* ou dixaine de mille de litres, ou dix mille litres.

L'*hectolitre* remplace, pour les graines et matières sèches, la mesure que, dans certains pays, on nomme *septier;* pour les liquides, il vaut deux mesures de Strasbourg.

Voir tabl. 8 (*f.*° 42), au titre, *Mesures de liquides*, les exemples relatifs.

75) Le *stère* est la mesure dont on se sert pour les bois de chauffage et autres.

Ses subdivisions sont le *décistère* ou la dixième partie du stère, le *centistère* ou la centième partie du stère.

Ses multiples sont le *décastère* ou la dixaine de stères, l'*hectostère* ou la centaine de stères : ils ne sont guères usités que dans les calculs.

Voir tabl. 8 (*f.*° 42), au titre, *Mesures de solides*, les exemples relatifs.

76) Nous n'avons pas parlé de la division du jour, la seule qui soit restée la même, du moins dans les usages ordinaires de la vie et dans les calculs habituels, quoique les savans aient aussi établi la division décimale pour les parties du jour. Nous verrons plus bas des moyens faciles de rattacher cette unité du temps et ses divisions au nouveau système décimal.

77) On voit que les multiples et les sous-multiples de l'unité fondamentale ou principale ont, pour toutes les espèces d'unités usuelles, les mêmes dénominations, auxquelles il suffit d'ajouter le nom de cette unité fondamentale.

<table>
<tr><td rowspan="2">Ces dénominations sont</td><td>pour les multiples</td><td>myria ou dixaine de mille ;
kilo ou mille ;
hecto ou cent;
déca ou dixaine de l'unité, quelle qu'elle soit, franc, mètre, gramme, litre ou stère.</td></tr>
<tr><td>pour les sous-multiples</td><td>déci ou dixième ;
centi ou centième ;
milli ou millième ;
dix-milli ou dix-millièmes, etc.</td></tr>
</table>

78) Parmi ces multiples ou sous-multiples les uns ne sont employés, comme nous l'avons déjà vu, que dans les calculs; les autres sont employés dans tous les usages de la vie, soit avec leur dénomination propre, soit en leur adaptant des dénominations anciennes. La pratique suffit pour apprendre à les distinguer facilement.

79) Quant à celles de ces unités qui ne sont pas usuelles, elles n'en conservent pas moins leur rang dans l'ordre décimal et dans les calculs : par exemple, quoiqu'on n'admette dans les usages ordinaires ni décastères ni hectostères, il n'en est pas moins vrai que les décastères ou dixaines de stères sont à la gauche des stères. Il en est de même des *décafrancs* ou dixaines de francs, etc. Cependant, pour les monnaies, il eût été trop incommode de n'avoir aucune pièce intermédiaire entre le franc et le décafranc : c'est pourquoi le Gouvernement fait frapper des pièces de 2 francs et de 5 francs, qui servent aux usages habituels, sans rien changer à l'ordre décimal du calcul.

80) Les sous-multiples du franc sont le *décime* ou la pièce de 2 sous, et le *centime*, qui, dans les usages habituels, remplace à peu près le liard et le denier, avec cette différence qu'il y avait dans la livre ancienne quatre-vingts liards de trois deniers l'un, et que dans le franc il y a cent centimes. Le millime n'est usité que dans les calculs; encore est-on convenu de négliger dans les résultats les millimes comme d'une trop petite valeur : seulement, si l'on trouve au résultat plus de cinq millimes, on ajoute, en les supprimant, une unité aux centimes; par exemple, si l'on avait dans un résultat $3^{f}676^{mil.}$, on pourrait supprimer le dernier chiffre 6, et l'on écrirait $3^{f}68^{c}$, qui ne différerait pas de quatre millièmes de franc, en plus, du résultat exact.

81) Nous avons cru nécessaire d'entrer dans ces détails sur les monnaies, comme l'espèce d'unité dont l'usage est

le plus fréquent. Quant aux autres unités, à mesure que l'emploi s'en propagera, les multiples les plus usuels seront mieux connus et deviendront plus familiers, même dans les campagnes. Nous allons cependant en désigner rapidement quelques-uns. Le *kilomètre*, qui est de 1000 mètres ou environ 500 toises anciennes, sert plus particulièrement à indiquer les distances sur les grandes routes. Le *myriamètre* sert aussi à cet usage. Pour le lever et l'arpentage, on emploie souvent le *double décamètre*, qui vaut environ 10 toises anciennes. Le *mètre* remplace assez souvent l'*aune* : il vaut environ 3 pieds mesure ancienne.

L'*hectare*, qui est à peu près le double du *grand arpent* ancien, devient d'un usage assez général : l'*are*, qui en est la centième partie, et le *centiare*, qui est la centième partie de l'are, sont aussi usuels.

Le *kilogramme*, qui vaut environ deux livres anciennes, est souvent employé au lieu de la livre, qui vaut environ cinq hectogrammes. Il suit de là, que le myriagramme vaut environ vingt livres : avec dix myriagrammes on est convenu de former ce qu'on appelle le *nouveau quintal* ou *quintal métrique*, qui pèse à peu près deux cents livres anciennes. L'*hectogramme* et le *décagramme* ne sont guères usités que dans les calculs. Quant au gramme et à ses subdivisions, ils s'emploient dans les pesées qui demandent une très-grande précision, comme pour les drogues et remèdes, les métaux précieux, les pierres fines. Le gramme pèse environ dix-huit grains (poids ancien).

L'*hectolitre* sert à mesurer les liquides, les grains, plusieurs espèces de graines et de fruits. Pour les liquides, il vaut deux mesures de Strasbourg, et environ la demi-pièce jauge dite de Champagne. Pour les grains, fruits, etc., il remplace aussi le sac ou résal. Le *double décalitre* remplace le boisseau, et le *litre* la pinte, dont il a la valeur à peu de chose près.

82) Nous finirons par observer encore qu'il n'est question ici que de donner un aperçu des unités nouvelles déjà employées ou dont l'usage commence à s'introduire, et d'enseigner leur calcul aux commençans. Nous renvoyons pour la pratique aux diverses Tables de réduction qu'on a publiées, et dont l'usage devient de jour en jour plus fréquent; nous nous bornerons à indiquer, à la fin de l'ouvrage, les règles à suivre pour la conversion des unités de l'ancien système en unités du nouveau, et réciproquement.

83) Nous ajouterons seulement encore, et cela à l'avantage évident du nouveau système, que celles des unités usuelles qui n'ont pas été soumises à la division décimale peuvent l'être de même, ce qui est nécessaire pour simplifier les calculs : ainsi, en prenant pour unité de temps le jour qui est de vingt-quatre heures, on pourrait aussi (n.° 76) le partager en dix parties, qui seraient des dixièmes; et, d'après cela, on pourrait également employer dans un calcul 0,5 de jour qui serait un demi-jour, et 0,25 de jour qui serait un quart de jour. Nous reviendrons à cette idée dans les opérations sur les parties décimales, dont nous allons donner les principes, en écartant tout ce qui tient à l'évaluation des unités du nouveau système en unités de l'ancien, ou réciproquement.

84) La formation des parties décimales étant la même que celle des nombres entiers, il est évident que la règle pour les quatre opérations principales de l'arithmétique est aussi la même.

De l'addition des parties décimales, et de son application au nouveau système.

85) L'addition des nombres qui renferment des décimales se fait donc absolument comme celle des nombres

entiers, c'est-à-dire qu'on écrit d'abord les nombres donnés les uns sous les autres, de façon que les unités du même ordre soient au même rang ou dans la même colonne verticale; on les ajoute comme à l'ordinaire, sans faire aucune attention à la virgule; on met ensuite dans la somme trouvée la virgule au même rang que dans les nombres donnés, puisque, comme dans l'addition simple, chaque chiffre de la somme est au même rang que les chiffres correspondans des nombres donnés et de la même espèce que ces chiffres.

86) La démonstration du principe découle de la nature même de l'addition. Cette opération ne pouvant se faire que sur des nombres de même espèce, il faut ajouter les dixièmes aux dixièmes, les centièmes aux centièmes, les millièmes aux millièmes, etc., et la somme de chaque colonne doit évidemment être de même espèce que les quantités ajoutées; la virgule doit donc être au même rang dans la somme totale que dans les nombres donnés.

87) Il est des auteurs qui prescrivent de remplir par des zéros la place des chiffres décimaux qui peuvent manquer à la droite de chaque nombre; mais, ces zéros ne changeant rien à la valeur de ces nombres (n.° 65), on peut se dispenser de les écrire.

88) Les tableaux 9, 10 et 11 (*f.*os 43, 44 et 45) offrent divers exemples d'additions, soit des parties décimales en général, soit des unités du système métrique : comme ces opérations sont tout-à-fait les mêmes, il était superflu de donner des questions plus faciles ou d'en donner davantage. Nous avons compliqué à dessein quelques-unes de ces questions, pour exercer les élèves à les saisir plus facilement.

De la soustraction, et de son application au système métrique.

89) La soustraction se fait exactement comme celle des nombres entiers ; le reste étant trouvé, on y place la virgule au même rang que dans les nombres donnés.

90) Il est, comme dans l'addition, inutile de remplir par des zéros la place des décimales qui manqueraient après le dernier chiffre à droite ; il suffit de rappeler à l'élève que, lorsque le chiffre significatif manque, le zéro est sous-entendu. Ex. 17 — 7,84 = 17,00 — 7,84.

91) La règle se démontre de même que pour l'addition.

92) Les tableaux 12, 13, 14 (*f.*[os] 46, 47, 48) offrent divers exemples de soustraction. Nous avons été dirigés, dans le choix de ces exemples, par les mêmes motifs que pour l'addition (n.° 88).

Le tableau 15 (*f.*° 49) offre plusieurs questions composées d'addition et de soustraction.

De la multiplication, et de son application au système métrique.

93) La multiplication se fait aussi comme celle des nombres entiers ; mais il peut arriver que l'un des deux facteurs ait seul des décimales, ou qu'ils en aient tous deux.

94) Si le multiplicande, par exemple, contenait seul des centièmes, en supprimant la virgule, on a rendu ce multiplicande cent fois trop grand ; le produit serait donc aussi cent fois trop grand, et, pour le réduire à sa juste valeur, il faut (n.° 63) en séparer les deux derniers chiffres par une virgule qui indique les centièmes. D'ailleurs il est facile de faire comprendre aux élèves que, si l'on multiplie des centièmes, on a au produit des centièmes, de même qu'en multipliant des francs on doit avoir au produit des francs (n.° 31).

95) Si c'est le multiplicateur qui a des décimales, par exemple, des centièmes, il est évident qu'en multipliant

par des centièmes, le produit doit être cent fois plus petit que si on multipliait par des entiers : donc, ce produit étant trouvé, il faut (n.° 63) séparer par une virgule les deux derniers chiffres à droite.

96) La règle, pour le cas où il y a des décimales aux deux facteurs, est dès-lors évidente : il faut multiplier à l'ordinaire, sans avoir égard à la virgule, et séparer du produit, sur la droite, autant de chiffres décimaux qu'il y en a en tout dans les deux facteurs ; s'il n'y a pas assez de chiffres décimaux, on y supplée par des zéros (n.° 62).

97) De ce qui précède il est aussi facile de conclure que, pour multiplier un nombre quelconque de décimales par 10, 100, 1000, etc., il suffit de reculer la virgule de gauche à droite de 1, 2, 3, etc., rangs.

98) Les tableaux 16, 17, 18 et 19 (*f.*os 50, 51, 52, 53) offrent divers exemples de multiplication, soit de décimales en général, soit de leur application au système métrique.

De la division, et de son application au système métrique.

99) La division se fait nécessairement aussi d'après les mêmes règles que la division des nombres entiers. Mais il peut arriver trois cas, c'est-à-dire que le dividende et le diviseur peuvent avoir tous deux des chiffres décimaux, ou que l'un des deux seulement peut en avoir.

100) La règle générale pour tous les cas est de mettre à la droite de celui des deux nombres qui a le moins de chiffres décimaux ou qui n'en a pas du tout, autant de zéros qu'il en faut pour qu'il y ait dans chacun le même nombre de chiffres décimaux, et d'opérer comme sur des entiers : le quotient sera un nombre entier. Donnons des exemples.

Premier cas. Si le dividende et le diviseur ont tous deux des chiffres décimaux.

Exemple ; diviser 86,75 par 2,5. Je place comme à l'ordinaire le diviseur à la droite du dividende, et je mets un zéro à la droite de ce dernier ; l'opération prend donc cette forme 86,75|2,50 Je fais la division comme à l'ordinaire, sans faire aucune attention à la virgule, et j'ai au quotient 34 entiers, avec un reste de 175. Nous reviendrons sur ce reste.

Deuxième cas. Si le diviseur seul a des décimales.

Exemple : diviser 2928 par 3,4. Je pose ainsi les nombres, 2928|3,4 puis je mets un zéro à la droite du dividende, et je regarde le diviseur comme un nombre entier. L'opération devient celle-ci : 2928,0|34 Je fais la division sans faire attention à la virgule, et j'ai pour quotient 860, avec un reste de 40. Nous reviendrons aussi sur ce reste.

Troisième cas. Si le dividende seul a des décimales.

Exemple : diviser 479,24 par 67. Je mets (n.° 100) autant de zéros à la droite du diviseur qu'il y a de chiffres décimaux à la droite du dividende.

La division est donc ainsi posée, 479,24|67,00

Faisant la division comme à l'ordinaire, sans m'arrêter aux virgules, j'aurai encore des entiers au quotient, qui est 7.

47924	6700
1024	7

Outre ce quotient il y a de reste 1024, dont nous allons nous occuper.

Il importe que l'instituteur insiste plus particulièrement sur le troisième cas, c'est-à-dire, celui où le dividende seul a des chiffres décimaux, parce que c'est le plus fréquent dans l'application, et le plus fécond en conséquences utiles au calcul.

101) Dans ce troisième cas il est plus court et plus com-

mode de faire la division comme à l'ordinaire, sans faire aucune attention à la virgule, ni mettre de zéro à la droite du diviseur; et de séparer ensuite, sur la droite du quotient, autant de chiffres décimaux qu'il y en avait dans le dividende. On aura ainsi le quotient plus exact; car il aura non-seulement un nombre d'unités entières, mais un nombre d'unités et de parties d'unités, c'est-à-dire qu'on saura combien de fois et de parties décimales de fois le dividende contient le diviseur, ou en combien d'unités et de parties d'unités ce diviseur partage le dividende. Exemple :

Si l'on a . . . 64f08 à partager entre 18 personnes,

on divise ainsi :

```
6408 | 18
 100 |----
     | 3,56
  108
   00
```

Le quotient étant trouvé, on en sépare par la virgule les deux derniers chiffres, et l'on a 3 francs 56 centimes, qui est le quotient exact en francs, décimes et centimes.

La raison de cette règle est facile à saisir. L'élève doit en effet concevoir facilement qu'en divisant sans faire attention à la virgule, on avait pour dividende un nombre cent fois trop fort; le quotient, qui indique combien de fois le dividende contient le diviseur, sera donc aussi cent fois trop fort : mais nous avons déjà vu que, pour diviser un nombre par 10, 100, 1000, etc, il suffit de séparer 1, 2, 3, etc., chiffres sur la droite; donc le quotient exact est ici 3f56.

Pour mieux faire apprécier ce moyen, appliquons encore à cet exemple la règle générale (n.° 100).

Nous opérerons ainsi :

```
 6408  | 1800
10080  |-----
       | 3,56
 10800
```

Nous aurons au quotient 3 entiers; mais, si nous voulons connaître plus exactement la valeur, nous continuerons la division en mettant d'abord un zéro à la droite du premier reste ; observant qu'alors, le reste éant devenu dix fois trop fort, le quotient partiel sera aussi dix fois trop fort et qu'on le rendra dix fois moindre en le plaçant aux dixièmes dans le quotient : si ensuite à la droite du second reste j'écris un second zéro et que je continue la division, il est évident que le nouveau quotient partiel sera cent fois trop fort ; il faut donc que je le rende cent fois plus petit, ce que je fais en l'écrivant aux centièmes, c'est-à-dire en le plaçant au deuxième rang après les unités.

Il ne reste rien de cette division; mais il est facile de voir que, s'il y avait un reste, il pourrait être négligé sans inconvénient, puisqu'il donnerait tout au plus au quotient quelques millimes ou millièmes de franc, qui n'auraient aucune valeur payable ou réelle.

102) Il importe d'autant plus d'insister sur le cas où le dividende seul contient des décimales, qu'il nous donne aussi un moyen général d'approcher de plus en plus du quotient exact, si nous ne pouvons l'atteindre tout-à-fait; et l'on prouvera facilement à l'élève que cette approximation est plus que suffisante pour tous les usages de la vie et les besoins de la société.

Je suppose, par exemple, qu'un particulier veut employer 12 tisserands à faire 117 mètres 564 millimètres de toile, et exige que chacun en fournisse la même quantité : il faut, pour déterminer ce que chacun en fera, diviser par 12 le nombre total de mètres à faire.

```
                  mèt.
J'écris d onc, 117,564 | 12
                 9 5   | 9,797
                1 16
                   84
```

Les deux premiers chiffres du dividende ne contenant pas le diviseur, je prends les trois premiers; 117 contient

9 fois 12. J'abaisse à la droite du reste le chiffre suivant; en 95 combien de fois 12? 7 fois, et il reste 11. A la droite du reste j'abaisse le chiffre suivant; en 116 combien de fois 12? 9 fois, et il reste 8. A la droite de ce reste 8 j'abaisse le dernier chiffre; en 84 combien de fois 12? il y est 7 fois, sans reste, et j'ai pour quotient 9797.

Mais je me rappelle qu'ayant fait la division sans faire attention aux décimales, il s'ensuit que le dividende était mille fois trop grand : le quotient est donc aussi mille fois trop grand. Je le réduis à sa juste valeur en le divisant par mille, c'est-à-dire en séparant par la virgule les trois derniers chiffres à droite : le quotient exact ou la part d'ouvrage à faire par chaque tisserand sera donc 9 mètres 797 millimètres.

Cet exemple, choisi à dessein, sert à prouver que, quand même l'opération se fait sans reste, on n'en peut pas moins négliger les parties trop petites de l'unité; car 7 millimètres ou 7 fois la millième partie de 1 mètre qui vaut 3 pieds, ne sont pas une valeur sensible : on peut donc dire avec une exactitude plus que suffisante que chaque tisserand doit faire 9 mètres 79 centimètres, en supprimant le dernier 7 du quotient.

103) Revenons actuellement aux exemples de cette division donnés au n.° 100. Il s'agissait, dans le premier exemple, de diviser 86,75 par 2,5. Le quotient de cette division était 34 entiers, avec un reste de 175; pour évaluer ce reste il faut continuer la division. Reprenons l'exemple :

86,75	2,50
11 75	34,7
1 750	
0 000	

J'écris à la droite de ce reste 175 un zéro, et je continue la division, disant : en 1750 combien de fois 250? il y est 7 fois, sans reste. Mais j'observe qu'en mettant un zéro à la droite du reste, j'en ai fait un dividende dix fois trop fort; donc le quotient serait aussi dix fois trop fort : c'est pourquoi je mets ce dernier quotient au rang des dixièmes, en le plaçant à la droite de la virgule. Le quotient plus exact de la division est donc 34,7. Ce quotient est même tout-à-fait exact, puisque la division s'est faite sans reste.

Ce que nous venons de dire de cette division et de la manière d'approcher du quotient exact, peut s'appliquer à toute autre division des nombres décimaux ou entiers. On peut, à la droite du dernier reste de chacune, mettre successivement un ou plusieurs zéros, et continuer la division, ce qui donnera au quotient autant de chiffres décimaux qu'on a ajouté de zéros.

L'instituteur devra exercer les élèves sur ces approximations en chiffres décimaux. Nous lui rappelons à cette occasion la plupart des questions sur la division simple : toutes celles qui ont donné des restes peuvent être soumises à ce calcul d'approximation. Les élèves doivent y être fréquemment exercés.

104) De ce qui précède il suit aussi que l'on peut, dès à présent, diviser un nombre par un autre plus grand ; ce que l'on fait en le regardant comme le reste d'une division, à la droite duquel on peut placer un, deux, trois, etc., zéros, à condition de rendre ensuite le quotient dix, cent, mille, etc., fois plus petit. Je suppose, par exemple, que l'on ait trois francs à partager entre douze personnes.

Il est impossible de diviser 3 francs par 12, à moins d'un moyen préparatoire, qui consiste à mettre à côté du dividende un ou plusieurs zéros, suivant le besoin. Ainsi j'écris :

$$\begin{array}{r|l} 30 & 12 \\ \cline{2-2} 60 & 0,25 \end{array}$$

Et je dis : en 3 combien de fois 12 ? il n'y est pas. Je mets au quotient un zéro pour indiquer la place des entiers. Je mets ensuite un zéro à la droite de mon dividende, et je dis : En 30 combien de fois 12 ? il y est 2 fois. De cette première division il reste 6 ; à la droite je mets encore un zéro, et je dis : En 60 combien de fois 12 ?

il y est 5 fois; ce qui donne au quotient 0^f25 ou 5 sous. En effet, 3 francs valent 30 décimes ou 300 centimes, dont le douzième est 25 centimes.

105) Il est nécessaire d'insister fortement sur cet usage de la division décimale. L'instituteur appréciera facilement cette nécessité; l'élève, lui-même, s'en convaincra plus tard, s'il étudie le calcul des fractions devenues inutiles dans le nouveau système. Il sentira alors toute la supériorité du système décimal sur les calculs, si compliqués et inutiles aujourd'hui, des fractions et des nombres complexes.

106) La seule objection que l'on pourrait donc faire contre l'usage des parties ou fractions décimales, c'est que, ne pouvant exprimer exactement que les parties de dix en dix fois plus petites de l'unité, on ne peut par leur secours déterminer toutes les divisions de l'unité; qu'ainsi on ne pourrait exprimer exactement une ou plusieurs parties de l'unité partagée en tiers, en sixièmes, en septièmes, en neuvièmes. Mais il sera facile de faire comprendre à l'élève que, si ces subdivisions de l'unité ne peuvent être appliquées aux décimales, on est toujours à même d'approcher, en décimales, de leur valeur exacte autant qu'il peut être nécessaire dans toutes les circonstances quelconques, ce qui se fait en mettant à la droite de l'unité un, deux ou trois zéros; divisant par le nombre de parts que l'on cherche, on aura, en décimales, la valeur quelconque de la fraction, approchée autant qu'on le voudra. Exemple : je suppose que l'on veuille exprimer en décimales et payer le tiers de 1 franc, qui est l'unité monétaire. Je divise 1 par 3, en mettant deux zéros à la droite, et j'ai au quotient 33 centimes, qui sont en

100	3
10	0,33

effet le tiers du franc aussi exactement qu'il peut être utile; car 3 fois 33 centimes font 99 centimes, ce qui ferait une inexactitude du tiers d'un centime, dont la valeur est trop petite pour avoir besoin de la déterminer. D'ailleurs, si l'on veut que l'inexactitude ou la différence soit moindre encore, on n'a qu'à mettre un troisième zéro : on a alors 333 millièmes ou millimes ou 0,f33 + 3 millimes; or, 3 millimes est une valeur qui ne peut être assignée ni évaluée. Il en serait de même de tout autre exemple appliqué à toute autre espèce d'unités.

Nous nous abstenons de citer d'autres exemples; ils s'offriront en foule à l'instituteur dépouillé de préventions et tant soit peu instruit.

Les tableaux 20, 21, 22, 23, 24 et 25 (*f.*os 54 et suivans) offrent diverses questions sur la division des décimales; le dernier, 25 (*f.*o 59), offre plusieurs questions composées sur les quatre règles des décimales.

107) De tout ce qui précède, il sera donc facile de conclure que l'application du calcul décimal à la division des nouveaux poids et mesures réunit les plus grands avantages, uniformité, simplicité, clarté, brièveté dans les calculs; que, s'il résulte quelquefois une faible inexactitude en ce que l'on n'y peut employer que la division en partie de dix en dix fois plus petites, et aucune autre division, on peut néanmoins atteindre par le calcul décimal à une exactitude plus que suffisante pour tous les usages de la vie : au surplus, pour faire mieux apprécier la supériorité de ce système, nous le comparerons plus tard aux fractions et aux nombres complexes.

Règle de trois.

Notions préliminaires.

108) La règle de trois (règle de trois termes) nous apprend à trouver une quatrième quantité demandée, au moyen de trois autres qui sont données.

109) Elle est basée sur la connaissance des rapports et des proportions.

110) On appelle rapport le résultat de la comparaison de deux quantités.

111) En comparant deux quantités ou grandeurs, on peut considérer l'excédant de l'une sur l'autre, ou le quotient de l'une divisée par l'autre : nous ne considérerons ici que cette dernière espèce de rapports, c'est-à-dire, les *rapports par quotient*.

Si nous voulons comparer 8 à 4, nous écrirons ainsi, 8 : 4, ce qui signifie 8 divisé par 4, que l'on écrit encore ainsi $\frac{8}{4}$. (Voir la division n.° 40.)

Le rapport de 8 à 4, ou le résultat de la comparaison de 8 à 4, est donc 8 divisé par 4, ou $\frac{8}{4}$, ou 2. Ce résultat s'appelle plus particulièrement *la raison*.

Le rapport de 4 à 8, ou le résultat de la comparaison de 4 à 8, est 4 divisé par 8, ou $\frac{4}{8}$, ou 0,5.

112) Ainsi, pour déterminer le rapport de deux nombres, nous diviserons toujours le premier, qu'on nomme l'*antécédent*, par le second, qu'on nomme le *conséquent*.

On nomme aussi ces deux nombres *termes du rapport*.

Le tableau 1 (*f.*° 60) indique dans la première colonne la manière d'exprimer les rapports; dans la deuxième colonne leur évaluation, ou le résultat de la comparaison des deux termes ou quantités qui le composent, ou la raison.

113) La raison ou la valeur d'un rapport ne dépend donc pas de celle des nombres qui l'expriment, mais du quotient de la division de l'un par l'autre. Or, on peut multiplier ou diviser par un même nombre le dividende et le diviseur, sans changer la valeur du quotient : donc la valeur d'un rapport ne change pas, si vous multipliez ou divisez ses deux termes par le même nombre.

Le tableau 2 (*f.*° 61) donne la comparaison de deux rapports égaux, ou de quatre quantités dont la première contient la seconde le même nombre de fois que la troisième contient la quatrième.

114) De ce qui précède il suit que, si l'on compare deux rapports égaux, on aura nécessairement quatre quantités dont la première contient la seconde autant de fois que la troisième contient la quatrième. C'est ce qu'on appelle *une proportion*. Ici commence *la règle de trois*.

Exemple, $8 : 4 = 12 : 6$, c'est-à-dire, 8 contient 4 autant de fois que 12 contient 6; cela s'écrit ainsi, $8 : 4 :: 12 : 6$, et s'énonce en disant, 8 *est à* 4 *comme* 12 *est à* 6. Le premier antécédent 8 est à son conséquent 4 comme le second antécédent 12 est à son conséquent 6.

Il est évident que, de même que nous n'avons parlé (n.° 111) que des rapports par quotient, nous ne parlons actuellement que des proportions par quotient.

Le premier et le quatrième terme d'une proportion se nomment *les extrêmes;* le deuxième et le troisième se nomment *les moyens*.

115) De ces quatre termes si l'on en connaît trois, il sera toujours facile de calculer le quatrième.

Ce calcul est fondé sur la propriété fondamentale de toute proportion par quotiens, que *le produit des extrêmes est égal au produit des moyens*.

116) Dans la proportion $8 : 4 :: 12 : 6$, le produit des deux termes extrêmes 8 et 6 est égal au produit des deux termes moyens 12 et 4.

On peut démontrer ainsi cette propriété. Puisque (n.° 112) la valeur de chaque rapport est le quotient de la division de l'antécédent par le conséquent, l'antécédent, qui est le dividende, est composé de deux facteurs, dont l'un est le conséquent, l'autre la raison. Ainsi, dans l'exemple donné, $8 : 4 :: 12 : 6$, on pourrait, en décomposant, écrire ainsi, 4×2 ou $8 : 4 :: 6 \times 2$ ou $12 : 6$, ou simplement $4 \times 2 : 4 :: 6 \times 2 : 6$. Faisant le produit des extrêmes et celui des moyens, on a $4 \times 2 \times 6 = 4 \times 6 \times 2$, produits évidemment égaux, puisqu'ils sont composés des mêmes facteurs (n.° 30).

La démonstration serait la même pour le cas où l'antécédent serait plus petit que le conséquent, c'est-à-dire, pour le cas où la raison serait moindre que l'unité; il faudrait seulement alors décomposer le conséquent en deux facteurs. Soit, par exemple, la proportion, 3 : 4 :: 21 : 28, où le rapport de l'antécédent au conséquent est de 0,75.

En décomposant je dis :

$$3 \text{ ou } 4 \times 0{,}75 : 4 :: 21 \text{ ou } 28 \times 0{,}75 : 28,$$

$$\text{c'est-à-dire, } 4 \times 0{,}75 : 4 :: 28 \times 0{,}75 : 28.$$

Formant le produit des extrêmes et celui des moyens, j'ai $4 \times 0{,}75 \times 28 = 4 \times 28 \times 0{,}75$, produits qui sont évidemment égaux, étant composés des mêmes facteurs.

Donc, *dans toute proportion, le produit des extrêmes est égal au produit des moyens.*

Cette démonstration nous a paru la plus simple et la plus convenable au but de l'ouvrage.

117) De là la règle générale, que, pour trouver le terme qui manque dans une proportion, il faut, si c'est un extrême, *multiplier les moyens entre eux, et diviser le produit par l'extrême connu*; et si c'est un moyen, *multiplier les extrêmes entre eux, et diviser le produit par le moyen connu.*

118) La règle de trois peut être directe ou inverse, suivant que les rapports qui la composent sont directs ou inverses. Les rapports entre les quantités comparées sont directs lorsque, par la nature de la question, la première quantité principale étant plus grande ou plus petite que la seconde, la quantité relative à la première est aussi dans le même ordre plus grande ou plus petite que la quantité relative à la seconde; je dis alors : *si la seconde quantité principale est plus grande, sa relative est aussi plus grande; si elle est plus petite, sa relative sera plus petite.* Par exemple, si j'achète plus ou moins d'une marchandise quelconque, la somme à payer sera plus ou moins élevée. Si donc je paie pour trois poires 9 sous, je dois payer davantage à proportion pour sept poires; ou, si pour cinq paires de

souliers je paie 40 francs, je dois payer moins à proportion pour trois paires. Dans la règle de trois directe, les quantités principales sont toujours directement proportionnelles aux relatives.

119) La règle de trois est inverse, lorsque la première quantité principale étant plus grande que la seconde, la quantité relative à la première est au contraire plus petite que la quantité relative à la seconde, de façon qu'en comparant ces quantités, je dis alors : *si la seconde quantité principale est plus petite, sa relative sera plus grande; ou, si elle est plus grande, sa relative sera plus petite.* Par exemple : plus j'ai d'ouvriers pour faire un ouvrage, moins il leur faudra de temps; plus une étoffe est large, moins il en faudra pour un habillement. Les questions de cette espèce appartiennent à la *règle de trois inverse* : dans cette règle, les quantités principales sont en proportion renversée ou inverse avec les relatives.

120) Toute proposition sur la règle de trois comprend une question et une supposition. Par exemple : Combien coûtent trois paires de souliers, si cinq paires coûtent 40 francs? *Combien coûtent trois paires de souliers*, voilà la question ; *si cinq paires coûtent 40 francs*, voilà la supposition. Autre exemple : *Si vingt-quatre hommes ont fait un fossé en huit jours*, voilà la supposition ; *en combien de jours seize hommes feraient-ils le même ouvrage?* voilà la question.

Règle de trois directe, ou simplement règle de trois.

121) Puisqu'il est démontré (n.° 116) que dans toute proportion le produit des extrêmes est égal au produit des moyens, et que dès-lors nous connaissons la règle à suivre pour trouver un terme quelconque, les trois autres étant connus; il est évident que la seule difficulté est de mettre les termes connus en proportion, c'est-à-dire de trouver dans l'énoncé de la question l'ordre suivant lequel ces

termes doivent être disposés, et par conséquent de distinguer si la règle de trois est directe ou inverse.

Soit, pour premier exemple, la question ci-dessus (n.° 118) : Si 5 paires de souliers coûtent 40 francs, combien en coûteront 3 paires?

Je dis : Si 5 paires de souliers ont coûté 40 francs, 3 paires coûteront moins à proportion, ou dans le même rapport.

Je dispose ainsi les quantités données par la question :

1.er Terme, ou 1.re quantité principale.	2.e Terme, ou 1.re quantité relative.	3.e Terme, ou 2.e quantité principale.	4.e Terme, ou 2.e quantité relative, cherchée, que l'on représente ordinairement par un x.
5	40	3	

Et je dis, $5 : 40 :: 3 : x$, ce qui se réduit à chercher le quatrième terme d'une porportion dont les trois premiers sont connus. Je multiplie donc les deux moyens ensemble, et je divise le produit 120 par l'extrême connu, ce qui me donne pour quotient 24, qui est le quatrième terme et la deuxième quantité relative; c'est-à-dire que, si 5 paires de souliers ont coûté 40 francs (*ce qui fait 8 francs la paire*), 3 paires coûteront 24 francs.

La proportion complète serait donc, $5 : 40 :: 3 : 24$, dans laquelle le produit des extrêmes est égal au produit des moyens. Cette règle de trois est *directe*, parce que, les deux quantités principales allant en diminuant, leurs relatives, qui sont les prix, vont aussi en diminuant dans le même rapport.

122) Nous remarquerons encore en passant, qu'au lieu d'établir la proportion, $5 : 40 :: 3 : x$, on aurait aussi bien pu dire, $5 : 3 :: 40 : x$; car le produit des moyens serait encore le même dans ce cas. Ainsi, dans la règle de trois directe, une quantité principale et sa relative doivent toujours former les deux antécédens ou les deux conséquens, ou, après la transposition des moyens, les deux termes d'un même rapport; ce qui n'arrive pas dans la règle de trois inverse.

De même que, dans la proportion 5 : 40 :: 3 : 24, nous avons pu changer les moyens de place, il est évident que l'on peut aussi changer les extrêmes de place, parce que leur produit serait aussi encore le même.

Soit cette autre question : Pour $324^f,55$ on a eu 8 hectolitres 54 litres de vin ; combien en aura-t-on pour $488^f,20$? Je pose ainsi la proportion :

$324^f,55 : 8^h,54 :: 488^f,20 : x$, ou, changeant les moyens de place, $324^f,55 : 488^f,20 :: 8^h,54 : x$.

Dans ces deux proportions les quantités principales, qui sont les prix, allant en augmentant, les relatives vont aussi en augmentant dans le même rapport. On voit aussi que, les quantités étant en proportion, chaque principale forme, avec sa relative, les antécédens ou les conséquens, ou les deux termes du même rapport : donc la règle de trois est directe.

Cherchant ensuite le quatrième terme, je forme d'abord le produit des moyens : j'ai pour produit $4119^f,228$, que je regarde comme des hectolitres, puisque je dois en avoir au quotient; je divise par le premier terme, et j'ai pour quatrième terme $12^h,692$ ou $1269^{lit},2$.

Les tableaux 3 et suivans, jusques et compris le tableau 7 (*f.*ᵉˢ 62 à 66), offrent un grand nombre de questions sur la règle de trois directe, en laissant le choix à l'instituteur.

Règle de trois inverse.

123) Nous avons dit (n.° 119) que dans la règle de trois inverse, si la seconde quantité principale est plus grande que la première, la seconde relative sera au contraire plus petite que la première.

Soit cette question : Si 24 hommes ont fait un fossé en 8 jours, en combien de jours 16 hommes feront-ils le même ouvrage ?

Je dis : Si 24 hommes ont mis 8 jours à faire un fossé, il est évident que seize hommes, étant moins nombreux, y mettront plus de temps : donc, les nombres d'hommes, qui sont les quantités principales, allant en diminuant, les nombres de jours, qui sont les relatives, iront en augmentant : donc, moins j'aurai d'hommes, plus il faudra de jours. Donc, la règle de trois est *inverse.*

Je dispose ainsi les quantités données par la question :

1.er Terme, ou 1.re quantité principale.	2.e Terme, ou 2.e quantité principale.	3.e Terme, ou 2.e quantité relative.	4.e Terme cherché, ou 1.re quantité relative.
24	16	x.	8

Et je dis, $24 : 16 :: x : 8$; ou, mettant les moyens à la place des extrêmes, $16 : 24 :: 8 : x$; ce qui se réduit encore à chercher le quatrième terme x d'une proportion dont les trois premiers sont connus. Je multiplie donc les moyens entre eux, et je divise le produit 192 par l'extrême connu 16, ce qui me donne au quotient, pour le terme cherché ou pour la deuxième quantité relative, 12 ; c'est-à-dire que, s'il faut à 24 hommes 8 jours pour faire un fossé, il faudra à 16 hommes 12 jours pour faire le même fossé.

124) Cette règle de trois est *inverse*, parce que, d'après la question, les quantités principales, qui sont les nombres d'hommes, allant en diminuant, les relatives vont en augmentant dans l'ordre inverse ; car, y ayant moins d'hommes dans le second cas, il leur faut évidemment plus de jours pour faire le même ouvrage. Ainsi, la deuxième quantité principale étant moindre, il faut disposer les trois termes connus de façon que sa relative soit plus grande que la première relative : donc la règle de trois est inverse.

125) Nous remarquerons encore que, par la disposition des termes ($24 : 16 :: x : 8$), 16, qui est la deuxième quantité principale, forme, avec sa relative que l'on cherchait, les moyens de la proportion; tandis que 24, qui est la première quantité principale, forme avec sa relative

les extrêmes. Donc dans la règle de trois inverse, chaque quantité principale forme avec sa relative les extrêmes ou les moyens, ce qui n'arrive pas dans *la directe,* où elles forment ensemble les antécédens ou les conséquens, ou les deux termes du même rapport (n.° 122).

Soit cette autre question : On a tapissé une chambre avec 47 mètres d'une étoffe large de $0^m,95$; combien faudrait-il d'une étoffe large de $1^m,25$, pour tapisser cette même chambre ?

Il est évident que, l'étoffe étant plus large, il en faudra d'autant moins ; ainsi, la deuxième quantité principale étant plus grande que la première, la deuxième relative sera, au contraire, plus petite que la première : il faut donc disposer en conséquence les termes ; ce qui donne cette proportion $1^m,25 : 0^m,95 :: 47^m : x$, dont le quatrième terme trouvé par le calcul est $35^m,72$; donc il faudra pour tapisser la chambre, $35^m,72$ d'une étoffe large de $1^m,25$.

Ici l'on voit encore que le rapport des principales aux relatives est inverse, et que, par suite, chaque principale forme avec sa relative les extrêmes ou les moyens : donc la règle est inverse.

126) Ces quatre exemples, bien développés par l'instituteur, doivent suffire pour expliquer clairement les règles de trois directe et inverse, et exercer les élèves à les distinguer l'une de l'autre.

Le tableau 8 (*f.*° 67) et les trois suivans (jusques et compris le *f.*° 70) offrent diverses questions sur la règle de trois inverse.

Règle de trois composée, ou, suivant quelques auteurs allemands, règle de cinq.

127) La règle de trois composée est en général celle dont l'énoncé offre plus de trois termes connus. Par exemple,

Si 6 ouvriers ont fait en 5 jours 40 mètres d'ouvrage,

combien 12 ouvriers feront-ils du même ouvrage en 4 jours ?

On voit d'abord que la quantité d'ouvrage à faire dépen[d] non-seulement du nombre d'ouvriers, mais encore d[u] nombre de jours qu'ils mettront à travailler, c'est-à-dire que cette quantité dépend du rapport composé du nombre des ouvriers et de celui des journées.

128) Comme dans la règle de trois simple, on distingue les quantités qui entrent dans l'énoncé de la question, en principales et en relatives. Ainsi 6 ouvriers et le nombre 5 de jours qu'ils emploient, feraient la première quantité principale; 40 mètres, c'est-à-dire l'ouvrage qu'ils ont fait, serait la première quantité relative. De même, 12 ouvriers et le nombre 4 de jours qu'ils emploient, forment la deuxième quantité principale, et le nombre cherché de mètres serait la deuxième relative.

129) D'autres distinguent aussi, et cela vaut mieux, ces quantités en causes et en effets : ainsi 6 ouvriers et 5 jours seraient les deux parties ou plutôt les deux facteurs de la première cause, et le premier effet serait les 40 mètres d'ouvrage; 12 ouvriers et 4 jours seraient les 2 facteurs de la deuxième cause, et le nombre cherché serait l'effet de cette dernière cause.

Cette manière de considérer les diverses quantités est tout-à-fait conforme au raisonnement, et facilite les moyens de mettre les questions en proportion.

On écrit donc les quantités dans l'ordre suivant :

1.re *Cause*,	1.er *Effet*,	2.e *Cause*,	2.e *Effet*,
6 ouvriers, 5 jours,	40 mètres.	12 ouvriers, 4 jours,	*cherché*, représenté par x.

Cela posé, on multiplie entre eux les nombres qui font partie de la première quantité principale ou première cause; on multiplie de même ceux qui font partie de la deuxième quantité principale ou deuxième cause, et, en les comparant, on a cette règle de trois,

6×5 ou $30 : 40 :: 12 \times 4$ ou $48 : x$; c'est-à-dire, $30 : 40 :: 48 : x$, ce qui n'est plus qu'une règle de trois simple.

En effet, 6 hommes, travaillant 5 jours chacun, ont employé 30 journées; 12 hommes, travaillant 4 jours chacun, ont employé 48 journées. Notre question devient donc celle-ci : En 30 journées on a fait 40 mètres d'ouvrage; en 48 journées combien en fera-t-on?

Faisant le calcul, $48 \times 40 = 1920$.

Divisant par 30, $\begin{array}{r|l} 1920 & 30 \\ \hline 12 & 64 \end{array}$

on trouvera pour quatrième terme ou pour la valeur de x, 64 mètres.

Donc, si en 5 jours 6 hommes font 30 mètres d'ouvrage, 12 hommes feront en 4 jours 64 mètres du même ouvrage.

130) Nous avons vu (n.° 113), qu'on peut diviser les deux termes d'un rapport par un même nombre sans changer sa valeur, et (n.° 122) que l'on peut, dans une proportion, changer les moyens et les extrêmes de place. Ces deux principes nous offrent les moyens de simplifier souvent la règle de trois composée, en divisant, par un même nombre, les antécédens, ou les conséquens, ou les deux termes d'un même rapport.

Exemple : Si 450 ouvriers font 1200 mètres de fossé en 4 jours, en travaillant 8 heures par jour; combien 1350 ouvriers feront-ils de ce même fossé en 8 jours, en travaillant 6 heures par jour?

J'écris ainsi les quantités données :

450 ouvriers,			1350 ouvriers,	
4 jours	: 1200 mètres ::		8 jours	: x.
8 heures;			6 heures.	

Opérant comme ci-dessus, j'ai cette proportion,

$$450 \times 4 \times 8 : 1200 :: 1350 \times 8 \times 6 : x.$$

Faisant le calcul,

$$450 \times 32 \text{ ou } 14400 : 1200 :: 1350 \times 48 \text{ ou } 64800 : x;$$

c'est-à-dire, 14400 : 1200 :: 64800 : x; et, réduisant le premier rapport, 144 : 12 :: 64800 : x. Enfin, divisant encore par 12 les deux termes du premier rapport,

$$12 : 1 :: 64800 : x = \frac{64800}{12} = 5400 ;$$

ce qui donne, pour le terme demandé ou la valeur de x, 5400 mètres.

131) Revenons à la même proportion,

450 ouvriers,		1350 ouvriers,	
4 jours,	: 1200 ::	8 jours	: x,
8 heures,		6 heures,	

et simplifions le calcul par la réduction.

1.° Je vois que les deux antécédens ont un facteur commun, 8, que je supprime ;

2.° Que 450 divise exactement 1350, dont il est le tiers ; c'est-à-dire que ces deux nombres se divisent d'abord par 10, puis par cinq, puis par 9 ; or, $10 \times 5 \times 9 = 450$: ils sont donc tous deux divisibles exactement par 450.

3.° Enfin, je vois que ces deux antécédens peuvent encore être divisés exactement par 2.

Faisant ces réductions, j'ai, $1 \times 4 : 1200 :: 3 \times 6 : x$; ou $x = \frac{3 \times 6 \times 1200}{1 \times 4}$; réduisant en divisant les deux termes par 4, $x = \frac{3 \times 6 \times 300}{1} = 5400$ (comme ci-dessus n° 130).

132) On voit par ces exemples que la règle de trois composée se réduit facilement à une règle de trois simple. Pour cela il faut, après avoir mis la question en proportion, multiplier entre elles les quantités qui composent chaque terme, cause ou effet, et faire ensuite l'opération comme à l'ordinaire (n.° 117).

133) Il arrive assez souvent que le terme qu'il faut chercher n'est pas entièrement inconnu, et que l'on connaît déjà une ou même deux des parties ou facteurs qui le composent. Dans ce cas on n'en cherche pas moins ce terme comme s'il était entièrement inconnu, et, quand

on l'a trouvé, on le divise par les parties ou facteurs déjà connus par l'énoncé de la question.

Exemple : 6 ouvriers ont fait en 5 jours un ouvrage de 40 mètres; en combien de jours 12 ouvriers feront-ils 64 mètres du même ouvrage?

Distinguant en causes et en effets, j'écris ainsi :

6 ouvriers 5 jours	: 40 mètres ::	12 ouvriers x jours	: 64 mètres.

Cherchant le troisième terme comme s'il était entièrement inconnu, j'ai 6×5 ou $30 : 40 :: x : 64$, et la question devient celle-ci : *il a fallu 30 journées pour faire 40 mètres d'ouvrage; combien en faudra-t-il pour faire 64 mètres du même ouvrage?*

Faisant le calcul, $x = \frac{64 \times 30}{40}$, ou réduisant en divisant par 5, $x = \frac{64 \times 6}{8}$; enfin, divisant les deux termes par 8, $x = \frac{8 \times 6}{1} = 48$.

Il faudra donc 48 journées pour faire 64 toises d'ouvrage. Divisant 48 par le nombre 12 des ouvriers, il vient au quotient 4 journées; donc, 12 ouvriers feront 64 mètres en 4 jours.

Autre exemple : 34 ouvriers ont fait en 6 jours, en travaillant 8 heures par jour, un fossé long de 27 mètres, large de $1^{m},50$; quelle serait la longueur d'un autre fossé large de $1^{m},25$ que feraient en 9 jours 24 ouvriers travaillant 6 heures par jour? Posant la question, j'ai :

34 ouvriers 6 jours 8 heures	:	27^{m} longueur $1^{m},50$ largeur	::	24 ouvriers 9 jours 6 heures	:	x longueur. $1^{m},25$ largeur.

Réduisant ensuite, je barre le facteur 6, commun aux deux antécédens; je divise ceux-ci par le facteur 8, commun à 8 heures et à 24 ouvriers; enfin, multipliant, il vient :

$$34 \times 1 \text{ ou } 34 : 27 \times 1,5 :: 3 \times 9 : x \times 1^{m},25;$$

et, enfin, $34 : 40,5 :: 27 : x \times 1^{m},25$.

Multipliant les moyens et divisant par l'extrême connu, j'ai pour le terme cherché $32^m,16$.

```
   m
 40,5
 27
------
 283 5
 810
------
 1093,5 | 34^m
   73   |------
    5 5 | 32,16
    2 10
```

```
32^m,16 | 1,25
 7  16  |------
  910   | 25,72
   350
   100
```

Je divise $32^m,16$ par la partie connue du quatrième terme, ce qui donne, pour la longueur cherchée du nouveau fossé, $25^m,72$, ou, plus exactement, $25^m,73$.

Il est bon d'exercer l'élève en lui faisant faire le même calcul sans les réductions; il obtiendra le même résultat.

Ces principes sur la règle de trois composée, et les exemples à l'appui, une fois bien médités et développés, il ne doit plus rester de difficulté pour aucun cas.

Les tableaux 12, 13, 14, 15 et 16 (*f.*os 71 et suivans), donnent une quantité suffisante de questions pour exercer les élèves sur la règle de trois composée.

Règle d'intérêts.

134) Le calcul d'intérêts est celui qui a pour objet de déterminer ce qui est dû à un créancier pour le prêt d'une somme quelconque, d'après le taux convenu entre son débiteur et lui. Le taux de cet intérêt est ordinairement déterminé à tant pour cent, ce qui s'exprime et s'écrit ainsi, 5 pour cent, 6 pour cent, et par abréviation 5 p. %, 6 p. %, etc. Par exemple, si un particulier emprunte une somme à 5 p. % par an, cela veut dire qu'au bout de l'année il doit pour *chaque cent francs* 5 francs de plus, ou 105. C'est ce qu'on exprime en disant qu'il a emprunté à 5 p. %, les mots *par an* restant sous-entendus.

135) Pour déterminer l'intérêt d'une somme prêtée pour un an, à 5 ou 6 p. %, ou à tout autre taux, on multiplie la somme prêtée par le taux de l'intérêt, et on divise le produit par 100, ce qui se fait (n.° 63) en séparant par une virgule les deux derniers chiffres du produit.

Exemple : Un particulier a prêté 2500 francs pour un an, à 5 p. % d'intérêt; combien lui est-il dû au bout de l'année ?

Je fais ce raisonnement : si 100^f donnent 5^f; combien donneront 2500 ? J'ai cette proportion : $100 : 5 :: 2500 : x$. Multipliant les moyens, j'ai $2500 \times 5 = 12500$; divisant par le premier terme, qui est 100, ou, ce qui revient au même, séparant les deux derniers chiffres, j'ai 125,00 ou 125^f, qui est l'intérêt demandé.

136) Nous avons vu (n.° 122) que l'on peut changer les moyens de place ; la proportion ci-dessus deviendrait en ce cas celle-ci : $100 : 2500 :: 5 : x$, réduisant $1 : 25 :: 5 : x = \frac{125}{1} = 125$.

137) Jusqu'à présent nous avons déterminé l'intérêt pour un an; mais souvent il s'agit de plus ou moins de temps. Il est évident que le premier moyen qui se présente est de calculer d'abord l'intérêt pour l'année, puis de faire une deuxième proportion qui fixe le montant de cet intérêt pour le temps proposé.

Exemple : On a emprunté un capital de 3440 francs, à 6 p. %; combien devra-t-on d'intérêts au bout de 2 ans 7 mois et demi ou $31^m,5$?

Je fais d'abord la proportion, $100 : 6 :: 3440 : x$, qui me donnera l'intérêt pour un an; je trouve pour cet intérêt $206^f,40$. Puis, un an valant douze mois, je fais cette seconde proportion, $12^m : 206^f,40 :: 31^m,5 : x$, et je trouve $541^f,80$ pour l'intérêt demandé.

L'on aurait pu de même, après avoir trouvé l'intérêt pour un an, le diviser par 365 ; on aurait celui d'un jour, que l'on aurait ensuite multiplié par le nombre de jours contenus dans $31^m,5$.

138) Quelquefois la question est plus compliquée et a pour objet, lorsque l'on connaît le taux de l'intérêt, de déterminer dans la somme totale, rendue ou à rendre, quel est le montant du capital et celui de l'intérêt.

Exemple : Un particulier a prêté un capital à 7 p. % ; au bout de 18 mois on lui rend pour l'intérêt et le capital réunis 486f,20 ; quelle était la somme prêtée ?

Je cherche d'abord l'intérêt de 100 francs, à 7 p. %, pendant 18 mois ou 1an,5 ; je trouve pour cet intérêt 10f,50 ; ajoutant l'intérêt au capital 100, je fais cette proportion :

1.° Si 110f,50 donnent 100 francs de capital, 486f,20 intérêt et capital donnent un quatrième terme qui sera le capital.

2.° J'aurais pu dire de même : Si 110f,50 intérêt et capital donnent 10f,50 d'intérêt, 486f,20 intérêt et capital donnent un quatrième terme qui sera l'intérêt.

Prenons la première de ces deux proportions.

$$110^f,50 : 100 :: 486^f,20 : x = \frac{486^f,20 \times 100}{110^f,50} = \frac{48620^f}{110^f,50}$$

Faisant la division (n.° 100, 2.e cas)

$$\begin{array}{r|l} 48620,00 & 110,50 \\ \hline 4420 & 440 \\ 00000 & \end{array}$$

Donc le capital prêté est 440 francs.

Pour nous en assurer, faisons la proportion :

$$100 : 10^f,50 :: 440 : x.$$

$$\begin{array}{r} 44 \\ \hline 42\ \ 0 \\ 420 \\ \hline 462^f,0 \end{array}$$ divisant par 10. $46^f,20$.

On a donc pour les intérêts, 46f,20
Les ajoutant au capital trouvé, 440
Le total est, 486f,20

La deuxième proportion ci-dessus aurait de même donné les intérêts.

Les tableaux 17 et 18 (*f.*os 76 et 77) offrent diverses questions sur le calcul d'intérêts, et deux sur les calculs d'escompte.

139) *Nota.* On entend par *escompte* une remise proportionnelle que fait celui qui reçoit à celui qui paie : cet escompte étant aussi fixé à tant pour %, il est évident qu'il se calcule comme les intérêts. Nous nous dispenserons au surplus d'entrer dans d'autres détails sur ces sortes de calculs, qui appartiennent exclusivement aux opérations de commerce et de banque.

Règle de compagnie ou de société.

140) Cette règle est ainsi nommée, parce qu'elle sert le plus souvent à partager entre plusieurs associés le gain ou la perte résultant d'une entreprise.

Elle consiste *à partager un nombre quelconque en parties qui aient entre elles des rapports donnés.*

Exemple : Trois joueurs ont mis en commun, le premier 45 francs, le deuxième 100 francs, et le troisième 140 francs; ils ont perdu en tout 95 francs; combien chacun doit-il supporter de cette perte à proportion de sa mise ?

D'après la question, il est évident qu'il faut partager 95 francs en trois parties proportionnelles aux nombres 45, 100 et 140; c'est-à-dire, telles que la première soit à 45 comme la deuxième est à 100, comme la troisième est à 140. Ajoutant les antécédens et les conséquens, on a

45 : 1.re part.
100 : 2.e part.
140 : 3.e part.

ou 285 : 1.re + 2.e + 3.e parts :: 45 : 1.re perte :: 100 : 2.e perte :: 140 : 3.e perte; ce qui veut dire, la somme totale des mises est à la perte totale, comme la mise de chaque joueur est à sa perte.

On a donc ces trois proportions,

285 : 95 :: 45 : x.
285 : 95 :: 100 : y.
285 : 95 :: 140 : z.

Le 1.er rapport étant le même, on aurait pu écrire ainsi :

285 : 95 :: 45 : x
:: 100 : y
:: 140 : z.

Opérant,

```
 95
 45
----
 475
380
----
4275 |285
1425 |---
0000 | 15

9500 |285
 950 |------
  950|33,333
   950

 95
140
-----
13300 |285
 1900 |------
  1900|46,666
   1900
```

La perte du 1.er joueur est donc de 15 francs.
Celle du 2.e est de 33,333
Celle du 3.e est de. 46,667

95f,000

141) Quelquefois les rapports que doivent avoir entre elles les parties d'un nombre à partager, sont composés, c'est-à-dire que la part de la perte ou du gain de chaque associé dépend non-seulement de la mise, mais du temps qu'elle est restée dans l'entreprise, ou de toute autre circonstance ; dans ce cas, il y a à faire une opération préparatoire, qui consiste à réduire par voie de multiplication les rapports composés en rapports simples.

Exemple : Deux voituriers ont entrepris, en commun, le transport d'une certaine quantité de marchandises pour le prix total de 240 francs. Le premier doit transporter 47 myriagrammes pesant l'espace de 42 lieues ; le second, 60 myriagrammes pesant l'espace de 32 lieues. Que revient-il à chacun ?

Il est clair qu'ici le rapport est composé du poids et de la distance à laquelle il est transporté. Il faut donc multiplier d'abord entre eux ces rapports ; le reste de l'opération se fait ensuite comme à l'ordinaire. En effet,

Le premier voiturier a transporté 47 myriagrammes

l'espace de 42 lieues; c'est la même chose que s'il eût transporté 42 fois 47 myriagrammes l'espace de 1 lieue.

De même le second voiturier a transporté 60 myriagr. l'espace de 32 lieues; c'est la même chose que s'il en eût transporté 32 fois 60 l'espace de 1 lieue. Faisant le calcul:

$$47^{m} \times 42^{l} = 1974 \text{ myriagrammes.}$$
$$60^{m} \times 32^{l} = 1920 \text{ myriagrammes.}$$

Ajoutant ces quantités, j'ai pour la somme des objets, s'ils étaient transportés à une même distance, 3894. Je fais alors les porportions :

$$3894 : 240 :: 1974^{m} : x, \text{ part du 1.}^{er} \text{ voiturier.}$$
$$3894 : 240 :: 1920^{m} : y, \text{ part du 2.}^{e} \text{ voiturier.}$$

Faisant les calculs, j'ai pour le { 1.er voiturier . . 121f,66 / 2.e voiturier . . 118f,34

240

142) Comme on voit, la preuve de la règle de société se fait en ajoutant les parts trouvées : il est évident que leur somme doit être le nombre donné à partager; si elle ne l'est pas, il y a erreur de calcul.

Le tableau 19 (*f.*° 78) offre diverses questions sur la règle de société.

Règle d'alliage.

143) C'est une règle par laquelle, ayant à mêler ensemble plusieurs denrées ou marchandises de prix différens, il s'agit, ou de déterminer le prix du mélange, ou de faire un mélange d'un prix déterminé. Par exemple, un marchand de vin ayant à mêler différens vins, la question peut être, ou, 1.°, d'avoir à fixer le prix du mélange d'après les prix des vins mêlés, ou, 2.°, de mêler les vins de façon à en avoir d'un prix fixé.

144) La première question peut encore se subdiviser en deux cas :

Le premier, lorsque les vins à mêler se trouvent en quantités égales, mais de prix différens. Alors, il suffit d'ajouter les prix d'une mesure quelconque de chaque espèce de vin, et de diviser par le nombre de ces espèces. Exemple : On a mêlé, par portions égales, trois espèces de vin,

Le 1.er à 0,25 le litre ;
Le 2.e à 0,32 —
Le 3.e à 0,48 —

J'ajoute les trois prix, et je prends le tiers de la somme, qui est le prix du litre mélangé.

Ainsi, dans cet exemple, je trouve pour la somme des prix 1^{f},05, dont le tiers 0^{f},35 sera le prix du litre mélangé ; car il est évident que, trois litres valant ensemble 1^{f},05, le prix de chacun sera le tiers de cette somme.

Le tableau 20 (*f.*° 79) offre trois exemples analogues.

145) Dans le deuxième cas les vins se trouvent en quantités inégales et de prix différens. Alors il faut déterminer le prix total des vins qui entrent dans le mélange, et diviser par la somme des mesures quelconques de chaque espèce. Exemple : On a mêlé deux sortes de vin, savoir, 27 litres de vin à 0^{f},75 le litre, et 48 litres à 0^{f},65 le litre ; quel sera le prix du litre mélangé ?

J'écris ainsi : 27^{l} à 0^{f},75 font 20^{f},25 }
48^{l} à 0^{f},65 font 31^{f},20 } Total . . 51^{f},45

Divisant ce prix total du mélange par le nombre 75 des litres qui y sont entrés, nous aurons évidemment le prix du litre mélangé, qui est de 0^{f},686.

Les tableaux 20 (*f.*° 79) et 21 (*f.*° 80) offrent huit exemples de ce cas.

146) Nous avons vu (n.° 143) que dans la deuxième question on peut avoir à mêler les vins de façon à en former un mélange d'un prix convenu, qu'on appelle communément *prix moyen*. Exemple : Un marchand a des vins à 9 francs l'hectolitre et à 16 francs l'hectolitre ; combien en prendra-t-il de chaque qualité pour faire du vin à 12 francs l'hectolitre ?

J'écris d'abord le plus petit prix, 9 francs, et au-dessous j'écris le plus grand prix, 16 francs; de côté et entre les deux prix j'écris le prix moyen 12. Ensuite je cherche la différence entre le plus petit prix et le prix moyen; j'écris cette différence 3 vis-à-vis du plus grand prix. Je prends de même la différence entre le prix moyen et le plus grand; j'écris cette différence 4 vis-à-vis du petit prix. J'ajoute ces deux différences, dont la somme 7 me fait voir que, pour avoir du vin à 12 francs l'hectolitre, il faut sur 7 hectolitres en prendre 4 de celui à 9 francs et 3 de celui à 16 francs. En effet, 4 hectolitres à 9 francs font 36 francs; 3 hectolitres à 16 francs font 48 francs; total, 84 francs, qui est aussi le prix de 7 hectolitres à 12 francs, prix moyen fixé par la question.

Petit prix	9^f		4
Prix moyen		12	
Grand prix	16		3
			7

147) S'il y avait deux prix différens au-dessous du moyen, un seul au-dessus; si, par exemple, on proposait la question suivante: Avec des vins à 5 francs, à 7 francs et à 12 francs l'hectolitre, en faire à 9 francs l'hectolitre; j'écrirais comme suit la question:

5^f		3
7^f		3
	9	
12^f		{ 4, 2

Je retranche successivement les deux petits prix du prix moyen, et j'écris les deux restes vis-à-vis du grand prix; je retranche ensuite le prix moyen du grand prix, et j'écris le reste vis-à-vis de chacun des petits prix; j'ajoute ces quatre différences, dont la somme 12 indique que sur 12 hectolitres il en faut prendre 3 à 5 francs, 3 à 7 francs et 6 à 12 francs. En effet,

3^h à 5^f, font 15^f
3^h à 7^f, font 21
6^h à 12^f, font 72
108

Total, 108^f qui, divisé par 12, nombre des hectolitres, donne 9 pour le prix moyen.

Le tableau 21 (*f.*° 80) offre six exemples de ce dernier cas.

148) Ici se termine le cours d'enseignement du calcul simplifié par l'introduction du nouveau système des poids et mesures. Ici notre tâche serait remplie si le nouveau système était unanimement adopté, tant pour les calculs que pour les monnaies, poids et mesures, habituellement employés. Mais les avantages de ce nouveau système ne sont pas encore suffisamment appréciés; l'ignorance, la routine, quelquefois même les préventions, sont de trop grands obstacles à vaincre : il faudra que, long-temps encore, les instituteurs primaires sachent parler et parlent à leurs élèves l'ancien langage, mais surtout qu'ils s'exercent eux-mêmes à faciliter le passage de l'ancien système au nouveau.

Nous allons, en conséquence, nous occuper, dans la deuxième partie, des fractions, des nombres complexes, puis de la conversion des unités de l'ancien système en unités du nouveau, et réciproquement.

FIN DE LA PREMIÈRE PARTIE.

DEUXIÈME PARTIE.

Des fractions.

149) Nous avons vu (n.° 53) que, quelle que soit l'unité, il est facile de la partager ou de la concevoir partagée en autant de parties égales que l'on voudra, et d'exprimer une ou plusieurs de ces parties, ce qui fait *une fraction*. Si, par exemple, on conçoit une unité partagée en huit parties, chacune de ces parties serait un huitième, et l'on pourrait dans ce cas compter 1, 2, 3, etc., jusqu'à 8 huitièmes.

150) Une fraction s'écrit au moyen de deux nombres placés l'un au-dessus de l'autre et séparés par un trait; ainsi dans l'exemple (n.° 149) $\frac{1}{8}$ exprime un huitième, de même $\frac{2}{8}$, $\frac{3}{8}$, etc., expriment 2, 3, etc., huitièmes.

151) Le nombre supérieur s'appelle *numérateur*, et le nombre inférieur *dénominateur ;* ce sont *les deux termes de la fraction*.

152) Le dénominateur, qui indique en combien de parties l'unité est partagée, est ainsi nommé parce que c'est aussi lui qui fait connaître la valeur de chaque partie, qui *donne le nom* à la fraction. Le numérateur, qui indique combien la fraction exprime de ces parties, est ainsi nommé parce qu'il *nombre* ces parties. Ainsi dans la fraction $\frac{3}{8}$ le dénominateur 8 indique en combien de parties l'unité est partagée, et, par conséquent, la valeur de chaque partie; le numérateur 3 exprime le nombre de ces parties que la fraction contient.

153) On voit donc que, pour énoncer une fraction, il faut d'abord énoncer le numérateur, puis le dénomina-

teur, ajoutant à ce dernier la terminaison *ième*, c'est-à-dire que la fraction $\frac{5}{8}$ s'énonce ainsi, 5 *huit-ièmes*. De cette règle générale il faut excepter les fractions qui ont pour dénominateur 2, 3 ou 4; on dit *un demi*, *un tiers*, *un quart*.

154) On appelle *nombre fractionnaire*, celui qui exprime des unités entières et des parties d'unités ou fractions proprement dites. Exemple, $4\frac{2}{3}$; $2\frac{7}{8}$.

Le tableau 1 (*f.*° 81) donne plusieurs exemples de fractions ou de nombres fractionnaires à énoncer de vive voix ou par écrit.

Des entiers considérés sous la forme de fractions.

155) Puisque le dénominateur indique en combien de parties l'unité quelconque est partagée, et, par conséquent, la valeur de chacune de ces parties, il est évident que, si le numérateur est égal au dénominateur, la fraction réunira autant de parties égales que l'unité en contient, et vaudra, par conséquent, cette unité elle-même; ainsi la fraction $\frac{8}{8}$ vaut l'unité. Si donc le numérateur était double du dénominateur, la fraction vaudrait deux unités; s'il était triple, elle en vaudrait trois, et ainsi de suite. Exemple : $\frac{16}{8}$ valent 2 entiers; $\frac{24}{8}$, 3 entiers, etc.

156) Donc, quand le numérateur est plus grand, la fraction vaut autant d'unités que le numérateur contient de fois le dénominateur; et, par conséquent, *pour trouver les entiers contenus dans une fraction, il faut diviser le numérateur par le dénominateur*. Le quotient marque les entiers, et le reste, s'il y en a un, devient le numérateur de la fraction restante. Donc une fraction peut toujours être regardée comme le reste d'une division dans laquelle le dénominateur était le diviseur.

157) De ce qui vient d'être dit, il suit que l'on peut toujours convertir un nombre fractionnaire en fraction,

en multipliant le nombre entier par le dénominateur de la fraction, et ajoutant au produit le numérateur. Exemple : $7\frac{3}{4}$, converti en fraction, donne, 4 fois 7 font 28 + 3 = $\frac{31}{4}$.

158) De ce qui précède il est facile de conclure qu'un entier peut toujours être mis sous la forme de fraction, en lui donnant l'unité pour dénominateur.

Le tableau 2 (*f.*° 82) donne divers exemples relatifs à la manière de trouver les entiers contenus dans une fraction.

159) Une fraction quelconque peut toujours être convertie en fraction décimale, en divisant le numérateur par le dénominateur, après avoir mis des zéros à la droite de ce numérateur.

Ex. Soit la fraction $\frac{3}{4}$. $\begin{array}{r|l} 300 & 4 \\ \hline 20 & 0{,}75 \end{array}$ donc $\frac{3}{4} = 0{,}75$.

Des changemens que peuvent subir les termes d'une fraction sans qu'elle change de valeur.

160) Il est évident que, *plus on conçoit de parties dans l'unité, plus elles sont petites*, et dès-lors plus il en faut pour former la même valeur ; et que *moins on y conçoit de parties, plus elles sont grandes*, et moins il en faut pour former la même valeur.

Soit pour exemple la fraction $\frac{3}{4}$: si l'on conçoit l'unité partagée en deux fois plus de parties, c'est-à-dire, en 8 parties, au lieu de 4 il en faudra 2 fois plus, c'est-à-dire 6, pour former la même valeur. Supposons, par exemple, qu'après avoir coupé une pomme en 4 parties égales, on partage encore chaque quartier également en 2, la pomme sera partagée en 8 parties, et il en faudra 2 fois plus, c'est-à-dire 6, pour faire les 3 quartiers; on aura donc $\frac{6}{8} = \frac{3}{4}$: si donc on multiplie les deux termes d'une fraction par un même nombre, elle ne change pas de valeur.

Soit, pour la division, la fraction $\frac{6}{8}$: si l'on conçoit 2 fois moins de parties dans l'unité, il n'y en aura que 4; chacune sera dès-lors composée de 2 huitièmes : il faudra donc 2 fois moins de ces quatrièmes parties, c'est-à-dire qu'au lieu de 6 qu'il en fallait, il n'en faudra plus que 3, donc $\frac{3}{4} = \frac{6}{8}$.

161) De là le principe général : *on ne change point la valeur d'une fraction en multipliant ou en divisant ses deux termes par un même nombre.*

162) Ce principe nous conduit, 1.° à la réduction des fractions au même dénominateur; 2.° à la réduction des fractions *à des moindres termes*, ou, ce qui est la même chose, à une plus *simple expression*. Nous allons nous occuper de ces opérations, toutes deux indispensables.

Le tableau 2 (*f.*° 82), 2.e colonne, offre divers exemples des changemens qu'on peut faire subir aux deux termes d'une fraction, sans qu'elle change de valeur.

Réduction des fractions au même dénominateur.

163) Pour réduire deux fractions au même dénominateur, il faut *multiplier les deux termes de la première par le dénominateur de la seconde, et les deux termes de la seconde par le dénominateur de la première.*

Exemple : Pour réduire au même dénominateur les deux fractions $\frac{2}{3}$ et $\frac{4}{5}$, je multiplie les deux termes de la première chacun par 5, et les deux termes de la seconde, chacun par 3, ce qui me donne pour la première $\frac{10}{15}$, pour la seconde $\frac{12}{15}$. Il est évident, 1.° que le dénominateur devient le même, puisqu'il est le produit des deux mêmes facteurs; 2.° que les deux fractions n'ont pas changé de valeur, puisque (n.° 161) on a multiplié les deux termes de chacune par un même nombre.

164) S'il y a plus de deux fractions à réduire au même dénominateur, il faut *multiplier successivement les deux termes de chaque fraction par les produits des dénominateurs des autres fractions.*

Par exemple ; soient les fractions $\frac{2}{3}$, $\frac{4}{5}$, $\frac{1}{2}$; je multiplie d'abord entre eux les dénominateurs 5 et 2, ce qui me donne 10 au produit ; je multiplie par 10 chacun des deux termes de la première fraction $\frac{2}{3}$, ce qui me donne $\frac{20}{30}$, qui égalent $\frac{2}{3}$; je multiplie ensuite entre eux les dénominateurs 3 et 2, et j'ai au produit 6 ; je multiplie par ce nombre chacun des deux termes de la fraction $\frac{4}{5}$, ce qui me donne $\frac{24}{30} = \frac{4}{5}$; enfin je multiplie entre eux les dénominateurs 3 et 5, et leur produit 15, par chacun des deux termes de $\frac{1}{2}$, ce qui me donne $\frac{15}{30} = \frac{1}{2}$: les trois fractions sont donc devenues $\frac{20}{30}$, $\frac{24}{30}$, $\frac{15}{30}$, sans avoir changé de valeur, d'après le principe (n.° 161) ; de plus, elles ont le même dénominateur, ce qui est évident, puisque le dénominateur de chacune est le produit des trois mêmes facteurs.

165) Quel que soit le nombre des fractions à réduire, la règle est toujours la même.

166) On voit que dans cette opération le dénominateur commun est toujours égal au produit de tous les dénominateurs. Mais il y a une méthode beaucoup plus simple, et qui est presque toujours admissible : elle consiste à chercher, quand cela se peut, un dénominateur commun qui soit plus petit que le produit de tous les dénominateurs, et qui cependant contienne chacun d'eux un certain nombre de fois exactement et sans reste ; on multiplie ensuite les deux termes de chaque fraction par le nombre de fois que son dénominateur est contenu dans ce dénominateur commun.

Par exemple : soient à réduire au même dénominateur les fractions $\frac{2}{3}$, $\frac{4}{5}$, $\frac{1}{2}$, $\frac{5}{6}$. Je cherche un nombre qui contienne exactement et sans reste tous les dénominateurs ; ce nombre est 30 : je divise alors ce nombre par le dénominateur de chaque fraction, et j'écris le quotient au-dessous, comme il suit :

$\frac{2}{3}$ $\frac{4}{5}$ $\frac{1}{2}$ $\frac{5}{6}$. 30.
10 6 15 5

Je multiplie ensuite les deux termes de chaque fraction par le quotient écrit au-dessous, ce qui donne pour nouvelles fractions $\frac{20}{30}$, $\frac{24}{30}$, $\frac{15}{30}$, $\frac{25}{30}$.

La simplicité et les avantages de cette méthode abrégée sont faciles à apprécier.

167) Si le plus grand dénominateur ne contient pas tous les autres, on le multiplie par 2, 3, 4, etc.; c'est le moyen le plus prompt d'arriver au dénominateur commun, s'il y en a un, plus petit que le produit de tous ces dénominateurs : s'il n'y en a pas, la méthode abrégée est inadmissible.

Le tableau 3 (*f.*° 83) offre divers exemples de la réduction des fractions au même dénominateur.

Réduction des fractions à de moindres termes ou à leur plus simple expression.

168) Puisqu'on peut (n.° 161) multiplier ou diviser les deux termes d'une fraction par un même nombre sans que pour cela elle change de valeur, il est évident que la même fraction peut être exprimée de différentes manières, qui sont plus ou moins simples, suivant que les deux termes sont exprimés par des nombres plus ou moins forts.

169) Réduire une fraction *à sa plus simple expression* ou *à ses moindres termes*, c'est exprimer les deux termes par les plus petits nombres possibles.

170) Il est évident que cette réduction doit se faire en divisant les deux termes par un même nombre qui puisse les diviser sans reste, et que cette division doit être répétée jusqu'à ce qu'on ne trouve plus de diviseur commun.

171) Pour cela on essaie d'abord de diviser chaque terme exactement par 2, puis par 3, puis par 4, 5, etc. La seule difficulté est donc de trouver, le plus prompte-

ment possible, ceux de ces diviseurs qui doivent être employés de préférence : pour cela il faut s'aider des remarques suivantes.

172) Tout nombre terminé par un chiffre pair ou un zéro, est exactement divisible par 2. Exemple, 14, 20, etc.

173) Tout nombre tel que la somme des chiffres ajoutés, comme s'ils étaient des unités, est 3 ou un multiple de 3, est exactement divisible par 3. Exemple, 141 est divisible par 3.

174) Tout nombre tel que ses deux derniers chiffres, énoncés suivant les règles de la numération, sont divisibles par 4, est lui-même divisible par 4. Exemple, le nombre 124, dont les deux derniers chiffres, 24, sont exactement divisibles par 4, est aussi tout entier divisible par 4.

175) Tout nombre terminé par un 5 ou par un zéro, est exactement divisible par 5.

176) Tout nombre pair, exactement divisible par 3, l'est aussi par 6. Exemple, 102 est divisible par 6.

Il n'y a point de remarque de cette espèce pour le diviseur 7.

177) Tout nombre tel que ses trois derniers chiffres, énoncés suivant les règles de la numération, sont exactement divisibles par 8, est divisible par 8. Exemple, 1128, dont le 8.me est 141 ; 2136, dont le 8.me est 267.

178) Tout nombre tel que la somme de ses chiffres comptés comme des unités, est 9 ou un multiple de 9, est divisible exactement par 9. Exemple, 2754, dont la somme des chiffres comptés comme des unités est divisible par 9, et qui le contient 306 fois sans reste.

179) Venons aux applications.

Soit la fraction $\frac{8}{12}$ à réduire : je vois d'abord que les deux termes sont pairs, et par conséquent divisibles par 2 ; mais, sans m'arrêter à 2, je vois (n.° 174) qu'ils sont aussi divisibles exactement par 4 ; ce qui me donne $\frac{2}{3}=\frac{8}{12}$. Il faut être exercé à ces sortes de calcul.

Soit encore la fraction $\frac{35}{60}$: je vois que ses deux termes sont divisibles par 5 exactement, ce qui donne $\frac{7}{12} = \frac{35}{60}$.

Soit enfin la fraction $\frac{2016}{2898}$. Je vois (n.° 178) que les deux termes sont divisibles par 9; ce qui réduit d'abord la fraction à $\frac{224}{644}$. Je vois (n.° 174) que ceux-ci sont divisibles par 4, et j'ai $\frac{56}{161}$. Ici je n'ai plus de règle fixe pour le choix du commun diviseur; mais, en essayant le nombre 7, je trouve que les deux termes $\frac{56}{161}$ le contiennent exactement, ce qui réduit $\frac{56}{161}$ à $\frac{8}{23} = \frac{2016}{2898}$.

Le tableau 4 (*f.*° 84) offre huit questions sur la réduction des fractions à leurs moindres termes.

180) Nous avons dit (n.° 156) qu'une fraction peut toujours être regardée comme le reste d'une division, et par conséquent être convertie en fraction décimale : nous rappelons ici ce principe, dont l'application est assez fréquente dans les calculs des fractions.

Le tableau 4 (*f.*° 84) offre plusieurs exemples de la conversion des fractions en décimales.

Addition des fractions et nombres fractionnaires.

181) Nous avons vu (n.° 152) que le dénominateur exprime la valeur ou l'espèce des parties de l'unité, et le numérateur le nombre de ces parties. Or, il est évident qu'on ne peut ajouter que des quantités de même espèce. Donc, pour ajouter des fractions, il faut qu'elles soient de même espèce, c'est-à-dire qu'elles aient le même dénominateur.

182) Lors donc que les fractions à ajouter ont le même dénominateur, il faut ajouter les numérateurs, et donner à leur somme le dénominateur commun. Exemple : $\frac{3}{11} + \frac{5}{11} + \frac{7}{11} = \frac{15}{11} = 1\ \frac{4}{11}$.

183) Si les fractions n'ont pas le même dénominateur, on commence par les y réduire; puis l'on ajoute comme ci-dessus n.° 182.

184) S'il s'agit de nombres fractionnaires, c'est-à-dire,

qui expriment des entiers joints aux fractions, l'addition peut se faire de plusieurs manières : la première, en convertissant les entiers en fractions, comme nous l'avons vu n.° 157, et opérant ensuite comme sur des fractions proprement dites; la seconde manière consiste à convertir les fractions en décimales, ainsi que nous l'avons enseigné n.° 159, et à opérer ensuite comme sur les nombres décimaux.

On pourrait encore la faire en ajoutant d'abord les fractions comme si elles étaient seules, puis les entiers, auxquels on ajouterait, comme à l'ordinaire, les entiers qu'aurait donnés l'addition des fractions.

Le tableau 5 (*f.*° 85) donne divers exemples sur l'addition des fractions et nombres fractionnaires.

Soustraction des fractions et nombres fractionnaires.

185) Le principe exposé n.° 181, relativement à l'addition des fractions, étant en tout point applicable à leur soustraction, nous en conclurons naturellement que, pour retrancher une fraction d'une autre, il faut qu'elles aient le même dénominateur; alors, ayant fait la soustraction des numérateurs, il faut donner au reste le dénominateur commun. Exemple : $\frac{7}{9} - \frac{5}{9} = \frac{2}{9}$.

186) Si ces fractions n'avaient pas le même dénominateur, il faudrait les y réduire, puis opérer comme ci-dessus n.° 185.

187) Enfin, s'il s'agit de nombres fractionnaires, c'est-à-dire d'entiers joints aux fractions, on peut faire la soustraction de deux manières principales, de même que pour l'addition (n.° 184), ou en convertissant les entiers en fractions, ou en convertissant les fractions en décimales. On pourrait aussi retrancher d'abord les fractions, puis les entiers.

Le tableau 6 (*f.*° 86) offre diverses questions sur la soustraction des fractions et des nombres fractionnaires.

Multiplication des fractions et nombres fractionnaires.

188) La multiplication peut avoir trois objets principaux :

1.° De multiplier une fraction par un nombre entier, ou un nombre entier par une fraction ;

2.° De multiplier une fraction par une fraction ;

3.° De multiplier une fraction par un nombre fractionnaire, ou deux nombres fractionnaires entre eux.

189) Si c'est par un nombre entier qu'il faut multiplier la fraction, rappelons-nous que (n.° 152) le dénominateur indique l'espèce, le numérateur le nombre des parties de l'unité : de là il suit que l'on multiplie une fraction en multipliant le numérateur seulement, sans toucher au dénominateur. En effet, si l'on avait $\frac{7}{9}$ à multiplier par 3, le produit serait $\frac{21}{9}$, parce que (n.° 31) le produit d'une multiplication est toujours de même espèce que le multiplicande : on aurait donc $\frac{7}{9} \times 3 = \frac{21}{9} = 2\frac{3}{9} = 2\frac{1}{3}$.

Il est encore une autre manière de faire cette multiplication. Nous avons vu (n.° 160) que, *moins on conçoit de parties dans l'unité, plus elles sont fortes :* si donc dans la fraction $\frac{7}{9}$ on conçoit 3 fois moins de parties ou de parts de l'unité, chacune sera 3 fois plus forte ; donc $\frac{7}{3}$ seront 3 fois plus forts que $\frac{7}{9}$; donc, en divisant exactement le dénominateur 9 par le multiplicateur donné, j'aurai aussi le produit. En effet, en faisant cette division, j'ai $\frac{7}{9} : 3 = \frac{7}{3} = 2\frac{1}{3}$, comme dans l'exemple ci-dessus.

Il est évident, 1.° que ce dernier moyen ne peut s'employer que quand le multiplicateur donné divise exactement le dénominateur; 2.° que ce moyen est plus court.

190) 2.me cas. S'il s'agit de multiplier une fraction par une fraction, la règle est de *former une nouvelle fraction qui ait pour numérateur le produit des numérateurs, et pour dénominateur le produit des dénominateurs.*

Soit, par exemple, la fraction $\frac{2}{3}$ à multiplier par la fraction $\frac{4}{5}$, ou $\frac{2}{3}\times\frac{4}{5}$; je forme le produit des numérateurs et celui des dénominateurs, et j'ai pour produit $\frac{2}{3}\times\frac{4}{5}=\frac{8}{15}$.

Pour démontrer cette règle, supposons qu'il s'agisse de multiplier $\frac{2}{3}$ par 4. Nous venons de voir (n.° 189) que le produit serait $\frac{8}{3}$; mais ce n'est point par 4 qu'il fallait multiplier $\frac{2}{3}$, c'est par $\frac{4}{5}$ ou par le 5.me de 4. Le multiplicateur 4 était donc 5 fois trop fort, et, par conséquent, le produit $\frac{8}{3}$ aussi 5 fois trop fort.

Or, nous avons vu (n.° 160) que, *plus on conçoit de parties dans l'unité, plus elles sont petites.* Si donc dans la fraction $\frac{8}{3}$ on conçoit l'unité partagée en 5 fois plus de parties, c'est-à-dire si le dénominateur 3 devient 5 fois 3 ou 15, il est évident que la fraction $\frac{8}{15}$ est 5 fois plus petite que $\frac{8}{3}$, qui était 5 fois trop grande : cette fraction $\frac{8}{15}$ est donc vraiment le produit cherché. On a donc $\frac{2}{3}\times\frac{4}{5}=\frac{8}{15}$.

Actuellement, comparant ce produit $\frac{8}{15}$ aux deux facteurs $\frac{2}{3}$ et $\frac{4}{5}$, nous remarquons que le numérateur 8 est le produit des deux numérateurs, et le dénominateur 15 le produit des dénominateurs; d'où l'on conclut la règle énoncée (n.° 190.)

191) 3.me cas. S'il s'agit de multiplier une fraction par un nombre fractionnaire, il suffit de réduire les entiers en fractions. Alors la multiplication se réduit à celle d'une fraction par une fraction.

Il est évident que tout autre cas de la multiplication peut se réduire à l'un des trois que nous venons de citer. En effet, si l'un des deux facteurs est un entier, on peut (n.° 158) le mettre sous la forme de fraction.

Si les deux facteurs étaient des nombres fractionnaires, il suffirait de convertir les entiers en fractions; la multiplication se ferait ensuite comme nous venons de le voir. De même on pourrait aussi dans ce cas convertir (n.° 159) les fractions en décimales; le calcul se réduirait alors à la multiplication de deux nombres décimaux. Enfin, on pourrait dans le même cas multiplier encore, sans convertir les entiers en fractions. Mais ces développemens sont abandonnés au zèle et à la capacité de l'instituteur, et ne font pas partie nécessaire de ses obligations.

192) Nous finirons par faire observer que, dans la multiplication d'une fraction par une fraction proprement dite, *le produit est toujours plus petit que le multiplicande*: soit $\frac{7}{8} \times \frac{3}{4}$; le produit $\frac{21}{32}$ est plus petit que le multiplicande. En effet, s'il fallait multiplier $\frac{7}{8}$ par 1 ou par l'unité, le produit serait évidemment $\frac{7}{8}$; mais, s'il ne faut multiplier que par $\frac{3}{4}$ qui n'est qu'une partie de l'unité, c'est-à-dire le prendre une partie de fois, le produit $\frac{21}{32}$ est nécessairement plus petit que le multiplicande. Pour se convaincre par le calcul que ce produit est plus petit, on peut le comparer à $\frac{7}{8}$ en le réduisant au même dénominateur, et multipliant pour cela les deux termes de $\frac{7}{8}$ par 4, ce qui donne $\frac{28}{32}$, plus grand que $\frac{21}{32}$.

Le tableau 7 (*f.*° 87) offre diverses questions sur la multiplication des fractions.

Division des fractions et nombres fractionnaires.

193) Parlons d'abord de la division d'une fraction par un nombre entier, et rappelons-nous pour cela ce que nous avons dit (n.° 160), que, *plus on conçoit de parties dans l'unité, plus elles sont petites.*

194) Ce principe établit la règle pour la division d'une fraction par un nombre entier; c'est de *multiplier le dénominateur de la fraction par le diviseur donné, sans changer le numérateur*. Exemple: soit $\frac{6}{7}$ à diviser par 3. Je multiplie le dénominateur 7 par 3, et j'ai pour quotient demandé $\frac{6}{21}$, ou, réduisant à de moindres termes, $\frac{2}{7}$.

Il est évident que $\frac{6}{21}$ est le tiers de $\frac{6}{7}$; car, dans la première fraction, l'unité est partagée en 3 fois plus de parties;

elles sont donc 3 fois moindres, et la fraction en exprime le même nombre.

195) Puisque dans cet exemple $\frac{6}{7}$ le numérateur est exactement divisible par le diviseur donné 3, il est facile de faire comprendre qu'en divisant ce numérateur sans changer le dénominateur, on divisera aussi la fraction par 3, puisque le tiers de $\frac{6}{7}$ est $\frac{2}{7}$, comme le tiers de 6 louis serait 2 louis, ou celui de 6 kilogrammes serait 2 kilogrammes.

196) C'est ici le lieu de remarquer pourquoi l'on ne peut pas ici, comme dans la multiplication, n'établir qu'une seule règle pour la division *d'une fraction par un nombre entier*, et pour celle inverse *d'un nombre entier par une fraction.* On sait que, dans la multiplication, l'ordre des facteurs ne change rien au produit; mais il n'en est pas de même de la division, puisque, si le diviseur est un nombre entier, le quotient sera évidemment plus petit que le dividende, et si, au contraire, on divise un nombre entier par une fraction, le quotient sera évidemment plus grand. Exemple : si l'on a $\frac{2}{7}$ à diviser par 2, le quotient est nécessairement $\frac{2}{14}$ ou $\frac{1}{7}$; mais, si l'on avait 2 à diviser par $\frac{2}{7}$, le quotient serait nécessairement 7 fois plus grand, c'est-à-dire, serait $\frac{14}{2}$ ou 7. Nous reviendrons sur ce cas.

197) *Si l'on a une fraction à diviser par une fraction, il faut renverser les deux termes de la fraction diviseur, et multiplier, comme à l'ordinaire* (n.° 190), *le dividende par le diviseur ainsi renversé.* Soit, pour exemple, la fraction $\frac{2}{3}$ à diviser par $\frac{4}{5}$; je renverse la fraction diviseur, que j'écris $\frac{5}{4}$, et je multiplie le dividende par cette nouvelle fraction, ce qui me donne $\frac{2}{3} \times \frac{5}{4} = \frac{10}{12}$, qui est le quotient demandé; ce que je démontre ainsi :

Si j'avais eu $\frac{2}{3}$ à diviser par 4, le quotient aurait été (n.° 194) $\frac{2}{12}$; mais ce n'est pas par 4 qu'il fallait diviser, c'est par $\frac{4}{5}$ ou le cinquième de 4 : le diviseur 4 étant donc 5 fois trop grand, le quotient $\frac{2}{12}$ est nécessairement 5 fois trop petit; or, pour multiplier la fraction $\frac{2}{12}$, nous avons vu (n.° 189) qu'il faut multiplier son numérateur 2 par 5, ce qui donne pour le quotient, porté à sa juste valeur, $\frac{10}{12}$. Si, maintenant, on compare le quotient $\frac{10}{12}$ aux deux fractions données $\frac{2}{3}$ et $\frac{4}{5}$, on voit qu'il suffit de renverser les deux termes de la fraction diviseur $\frac{4}{5}$, et de multiplier la fraction $\frac{2}{3}$ par la fraction renversée $\frac{5}{4}$; donc $\frac{2}{3} : \frac{4}{5} = \frac{2}{3} \times \frac{5}{4} = \frac{10}{12}$.

198) Il est facile de voir que tout autre cas de la division des fractions ou d'un nombre fractionnaire ne serait qu'une conséquence de ce qui précède (n.° 197): s'il s'agit de nombres fractionnaires, on peut toujours convertir les entiers en fractions (n.° 157); si c'est d'un nombre entier qu'il s'agit, on peut plus facilement encore le mettre sous la forme de fraction (n.° 158), et réduire ainsi la question à la division d'une fraction par une fraction. Supposons, par exemple, qu'il faille diviser 2 par $\frac{2}{7}$; je mets l'entier sous la forme de fraction, ce qui me donne $\frac{2}{1}$ à diviser par $\frac{2}{7}$, ou, suivant la règle donnée (n.° 197), à multiplier par $\frac{7}{2}$; $\frac{2}{1} \times \frac{7}{2} = \frac{14}{2} = 7$.

199) Nous finirons par observer que, si l'on divise une fraction ou un nombre entier par une fraction, le quotient devient toujours plus grand que le dividende. En effet, si le diviseur était l'unité, le quotient serait nécessairement égal au dividende; et, par conséquent, si le diviseur est plus petit que l'unité, il y est contenu plus de fois; le quotient serait donc plus grand. Exemple: soit la fraction $\frac{3}{4}$ à diviser par $\frac{2}{5}$; le résultat ou quotient sera $\frac{15}{8}$, qui est plus grand que $\frac{3}{4}$. On concevra facilement qu'il le doit être; car, si l'on avait $\frac{3}{4}$ à diviser par 1, on mettrait sous cette forme $\frac{3}{4} : \frac{1}{1}$, ou $\frac{3}{4} \times \frac{1}{1}$, ou, enfin, $\frac{3}{4}$; tandis que, si on divise par $\frac{2}{5}$, on aura $\frac{3}{4} : \frac{2}{5} = \frac{3}{4} \times \frac{5}{2} = \frac{15}{8}$, quotient plus grand que le dividende.

200) Ces développemens suffiront, sans doute, à l'ins-

tituteur, pour faire bien entendre à ses élèves cette partie importante de l'ancien calcul : il doit aussi y trouver tous les moyens de prouver combien ce calcul des fractions est plus compliqué que le calcul des parties décimales et du système métrique.

Le tableau 8 (*f.*° 88) offre un nombre suffisant d'exemples de la division des fractions.

Des fractions de fractions.

201) Nous n'abandonnerons pas les fractions sans dire deux mots des fractions de fractions. C'est le nom que l'on donne à une suite de plusieurs fractions liées entre elles par le mot *de* : ainsi $\frac{1}{4}$ de $\frac{2}{3}$; $\frac{1}{2}$ de $\frac{3}{5}$, de $\frac{2}{7}$, sont des fractions de fractions, qui s'énoncent de la manière suivante : *un quart de deux tiers*, *un demi* ou *la moitié de trois cinquièmes*, *de deux septièmes*.

202) Ces fractions de fractions se réduisent en fractions simples, en les multipliant entre elles à l'ordinaire ; ainsi $\frac{1}{4}$ de $\frac{2}{3} = \frac{1}{4} \times \frac{2}{3} = \frac{2}{12} = \frac{1}{6}$, c'est-à-dire que le quart de deux tiers d'une unité ou d'un nombre quelconque en est aussi le sixième ; $\frac{1}{2}$ de $\frac{3}{5}$ de $\frac{2}{3} = \frac{1}{2} \times \frac{3}{5} \times \frac{2}{3} = \frac{6}{30} = \frac{1}{5}$, c'est-à-dire que la moitié des trois cinquièmes des deux tiers d'une unité ou d'un nombre quelconque en est aussi le cinquième. Soit, par exemple, le nombre 90 ; sa moitié est 45, les $\frac{3}{5}$ de cette moitié sont 27, et, enfin, les $\frac{2}{3}$ de 27 sont 18, qui est en effet $\frac{1}{5}$ de 90.

Des nombres complexes.

203) Nous avons dit (n.° 3) que les *nombres complexes* sont composés d'unités principales et de subdivisions de ces mêmes unités, comme 3# 6ᶠ 9ᵈ ; 9ᵗ 4ᵖⁱ 6ᵖᵒ 8ˡ : c'est le calcul de cette espèce de nombres qui va nous occuper.

204) Avant d'entrer en matière, il est bon de se rappeler ce que nous avons dit (n.ᵒˢ 66, 67, 68) de ces nombres, à l'occasion du nouveau système d'unités usuelles.

205) Dans les nombres complexes, chaque espèce d'unités principales se divise et se subdivise d'une manière différente.

206) Dans les monnaies, *la livre*, qui est l'unité principale, se divise en 20 *sous*, le sou en 12 *deniers*, de façon que la livre vaut 240 deniers.

207) Dans les mesures de longueur, *la toise*, dont l'usage était le plus commun, est remplacée aujourd'hui par le mètre, qui en est à peu près la moitié. *La toise* était divisée en 6 *pieds*, le pied en 12 *pouces*, le pouce en 12 *lignes*, la ligne en 12 *points*, de façon que la toise vaut 10368 points.

208) Pour la mesure des terres on employait l'arpent, qui était plus ou moins grand, suivant les contrées; le *grand arpent* se divisait en 100 *perches carrées*, et la perche carrée en 484 pieds carrés, de façon que le grand arpent valait 48400 pieds carrés.

209) Pour les poids on se servait de la livre valant, suivant les pays, 16 ou 14 onces, et nommée, suivant sa valeur, *grand poids* ou *petit poids*. En France la livre est généralement de 16 *onces*, l'once se divise en 8 *gros*, le gros assez souvent en 3 *deniers*, et le denier en 24 *grains*; il en est qui divisent simplement le gros en 72 *grains*, en omettant la division intermédiaire des deniers, ce qui, comme on voit, donne le même résultat.

On divise aussi souvent la livre en deux parties, que l'on nomme *marcs* (dénomination employée surtout en orfévrerie): il est donc évident que le marc vaut 8 onces, et que la livre-poids vaut 9216 grains.

210) Quant à la division du temps, elle est encore la même aujourd'hui. L'année est partagée en 12 *mois*, le mois en 30 *jours*, de façon qu'en ayant égard aux mois de 31 jours, l'année ordinaire est de 365 jours, et l'année bissextile de 366 jours; le jour se divise en 24 heures, l'heure en 60 minutes, la minute en 60 secondes, etc.

Telles sont les unités usuelles que nous considérerons dans cet ouvrage, dont le but est de faire connaître le calcul des nombres complexes bien plus pour en faire apprécier les inconvéniens que pour en recommander l'emploi. Mais il est indispensable que ce calcul soit bien connu pour faciliter le passage de l'ancien système au nouveau.

Addition des nombres complexes.

211) Après avoir écrit les nombres donnés les uns sous les autres, de façon que les unités de même espèce soient dans la même colonne verticale, on souligne et l'on commence l'addition par les plus basses subdivisions de l'unité principale, qui sont à la droite. Si la somme de ces unités ne contient point d'unité de l'espèce immédiatement supérieure, on l'écrit au-dessous dans la même colonne; si elle en contient, on n'écrit dans cette colonne que l'excédant du nombre exact de ces unités que l'on retient pour ajouter comme autant d'unités à la colonne immédiatement supérieure. On continue de même en remontant jusqu'aux unités principales, que l'on ajoute comme à l'ordinaire.

Soit, par exemple, à ajouter $37^{\#}\ 13^{s}\ 9^{\partial}$, $614^{\#}\ 19^{s}\ 10^{\partial}$, $57^{\#}\ 12^{s}\ 10^{\partial}$, $93^{\#}\ 18^{s}\ 9^{\partial}$. J'écris ces nombres ainsi :

$37^{\#}$	13^{s}	9^{∂}
614	19	10
57	12	10
93	18	9
$804^{\#}$	5^{s}	2^{∂}

et je dis 9^{∂} et 10 font 19, et 10 font 29, et 9 font 38^{∂}, qui valent $5^{s}\ 2^{\partial}$; j'écris 2^{∂} au rang des deniers, et je retiens 3^{s}; je dis ensuite : 3 sous retenus et 3 font 6, et 9 font 15, et 2 font 17, et 8 font 25. Je pose 5 sous et retiens 2 dixaines de sous; je dis ensuite : 2 dixaines retenues et 1 font 3, et 1 font 4, et 1 font 5, et 1 font 6 dixaines de sous, dont je prends la moitié, puisqu'il en faut 2 pour une livre; je retiens donc 3 livres, et je dis 3 # retenues et 7 font 10, et 4 font 14, et 7 font 21, et 3 font 24; je pose 4 et retiens 2 : le reste à l'ordinaire, et la somme totale sera 8 804 # 5 s 2 d.

Autre exemple. 3 ouvriers ont fait ensemble un fossé; le 1.er en a fait 87 t 5 pi 9 po 7 l, le 2.me en a fait 113 t 4 pi 2 po 7 l, et le 3.me, 56 t 4 pi 3 po 2 l.

Je pose ainsi les nombres donnés :

87 t	5 pi	9 po	7 l
113	4	2	7
56	4	3	2
258 t	1 pi	3 po	4 l

et faisant l'opération comme ci-dessus, j'ai pour total 258 t 1 pi 3 po 4 l.

212) Il est évident que la preuve se fait d'après les mêmes principes que nous avons établis.

Le tableau 1.er (*f.*° 89) donne divers exemples de l'addition des nombres complexes.

Soustraction des nombres complexes.

213) D'après ce que nous avons vu, cette soustraction ne peut offrir aucune difficulté.

214) Après avoir écrit le nombre à retrancher au-dessous de celui dont il faut le retrancher, on commence l'opération par les unités de la plus basse espèce, que l'on retranche de celles qui sont au-dessus dans la même colonne, et l'on écrit le reste au-dessous. Si le nombre supérieur est plus petit que l'inférieur, on emprunte une unité de l'espèce immédiatement supérieure; cette unité, convertie en sous-espèces, donnera évidemment un nombre assez grand pour que l'on puisse faire la soustraction.

On continuera ensuite l'opération jusqu'à ce qu'on ait successivement retranché tous les chiffres inférieurs de leurs correspondans supérieurs.

Soit, par exemple, 67 ℔ 7 onc 6 gr à retrancher de 85 ℔ 7 onc 5 gr; après avoir écrit les deux nombres ainsi :

85 ℔	7 onc	5 gr
67	7	6
17 ℔	15 onc	7 gr

je commence l'opération par les unités de la plus basse espèce, disant : 6 gros ôtés de 5 gros ne se peut; j'emprunte 1 once qui vaut 8 gros, et qui, avec les 5 gros que j'ai déjà, fait 13 gros; je dis ensuite, 6 gros de 13 gros, reste 7, que j'écris au-dessous. Je dis ensuite, 7 onces de 6 onces ne se peut; j'emprunte 1 livre-poids qui vaut 16 onces, lesquelles, ajoutées aux 6 que j'ai déjà, font 22 onces, et je dis, 7 onces de 22 onces reste 15, que j'écris au même rang. Enfin, je dis, 7 livres de 4 livres ne se peut; j'emprunte 1 dixaine qui vaut 10, et 4 font 14 : 7 livres de 14 livres, reste 7, et, enfin, 6 de 7, reste 1; ce qui me donne pour reste total, 17 ℔ 15 onc 7 gr.

Supposons, pour deuxième exemple, qu'un particulier, ayant en poche 35 ₶ 13 ſ 8 ∂, dépense 29 ₶ 16 ſ 9 ∂; on demande combien il lui restera.

Après avoir écrit ainsi le plus petit nombre sous le plus grand :

35 ₶	13 ſ	8 ∂
29	16	9
5 ₶	16 ſ	11 ∂

je commence par la soustraction des unités simples, disant, 9 deniers de 8 ne se peut; j'emprunte un sou qui vaut 12 deniers, et 8 que j'ai déjà, font 20; 9 de 20, reste 11, que j'écris aux deniers. Je dis ensuite, 16 sous de 12 sous ne se peut; j'emprunte 1 livre qui vaut 20 sous, et 12 que j'ai déjà, font 32; 16 de 32, reste 16 ſ; et, enfin, me rappelant que j'avais emprunté 1 livre, 9 livres de 14, reste 5, et, le 3 ne valant plus que 2, 2 de 2 quitte.

215) On conçoit aussi que, de même que nous l'avons vu dans la soustraction simple (n.° 23), on peut laisser tel qu'il est le chiffre sur lequel on a emprunté, en augmentant d'une unité celui que l'on doit en retrancher.

216) La preuve de la soustraction se fait, comme nous l'avons déjà vu, en ajoutant la quantité retranchée au reste.

Le tableau 2 (*f.*° 90) donne divers exemples de soustraction.

Le tableau 3 (*f.*° 91) offre diverses questions composées d'addition et de soustraction.

Multiplication des nombres complexes.

217) Dans cette multiplication il peut se présenter trois cas. Il peut être question, 1.° *de multiplier un nombre complexe par un nombre incomplexe;* 2.° *de multiplier un nombre complexe par une fraction ou un nombre fractionnaire;* 3.° *de multiplier un nombre complexe par un autre nombre complexe.*

218) Premier cas. Soit le nombre complexe 36 ₶ 12 ʃ 8 ∂ à multiplier par 24. Pour faire cette opération, il faut évidemment *multiplier successivement les différentes sous-espèces par le multiplicateur, en observant de n'écrire au rang des sous-espèces que l'excédant du nombre exact d'unités de l'espèce immédiatement supérieure, et retenir ces unités pour les ajouter au produit suivant.* Ainsi, dans l'exemple donné, multiplier 36 ₶ 12 ʃ 8 ∂ par 24, j'écris ainsi :

36 ₶ 12 ʃ 8 ∂	Je multiplie d'abord 8 ∂ par 24, ce
24	qui me donne 192 ∂ qui valent 16 ʃ,
879 ₶ 4 ʃ 0 ∂	le sou valant 12 ∂ ; j'écris 0 au rang

des deniers, et je retiens 16. Je dis ensuite, 24 fois 12 font 288, et 16 retenus font 304 sous, qui, divisés par 20 (la livre valant 20 sous), donnent 15 livres et un reste de 4 sous, que j'écris à leur rang. Je multiplie ensuite 36 par 24, ce qui me donne au produit 864 ₶, auxquelles ajoutant les 15 livres retenues, j'ai en tout

879 ₶ ; ainsi le produit total de 36 ₶ 12 s 8 d, par 24, est 879 ₶ 4 s.

Nous ne sommes pas entrés dans le détail des 3 multiplications partielles, parce qu'elles doivent être écrites séparément et faites comme à l'ordinaire, quand l'élève n'est pas assez exercé au calcul pour les faire plus promptement.

219) La multiplication dont il s'agit peut encore se faire d'une autre manière, c'est-à-dire, au moyen *des parties aliquotes :* avant de la faire, nous avons à donner quelques détails préliminaires.

220) On nomme *parties aliquotes* d'un nombre, d'autres nombres qui divisent exactement le premier. Ainsi le nombre 12 a pour parties aliquotes 6, 4, 3, 2, et 1 qui divise toujours exactement un nombre; de même les parties aliquotes du nombre 16 seraient 8, 4, 2, 1; ainsi de suite.

221) Observons actuellement que, le sou valant 12 deniers, les nombres 6 d, 4, 3, 2 et 1 d, sont parties aliquotes du sou, et que, si l'on avait un nombre de deniers qui ne fût pas aliquote du sou, il serait toujours facile de le partager en parties aliquotes. Soit, par exemple, le nombre 7, qui n'est pas aliquote du sou; on peut le diviser en 4 et en 3, qui sont tous deux aliquotes de 12 : 9 d peut de même se partager en 6 et en 3, qui sont tous deux aliquotes de 9; de même aussi 10 d pourrait se partager en 6 et en 4, etc.

La livre-poids valant 16 onces, il est évident que 8, 4, 2, 1 onces sont parties aliquotes de la livre. Quant aux autres nombres qui ne seraient pas aliquotes, il est toujours facile de les partager en parties aliquotes : ainsi 11 se diviserait en 8, 2 et 1; 13 se diviserait en 8, 4 et 1, etc.

222) Venons à l'application, et prenons pour exemple la multiplication ci-dessus, n.° 218.

	$36^{\#}\,12^{s}\,8^{d} \times 24$	
	36 12 8	
	24	
	144	
	72	
p. 10^{s}	12	
p. 2^{s}	2 8	
p. 8^{d}	0 16	
	$879^{\#}\ 4^{s}$	

Je pose l'opération comme à l'ordinaire, et multiplie d'abord les unités principales par le multiplicateur; j'écris les deux produits partiels; je continue l'opération par les parties aliquotes, en partageant d'abord 12 sous en 10 et 2^{s}, et faisant ce raisonnement : si j'avais 1 livre à multiplier par 24, le produit serait évidemment $24^{\#}$; mais 10 sous sont la moitié de 1 livre, le produit doit donc aussi être la moitié; donc, pour multiplier 10^{s} par 24, je prends la moitié de 24 considéré comme livres. Passant aux 2^{s}, je vois qu'ils sont le cinquième de 10^{s}, donc le produit par 2 doit être le cinquième du précédent; je prends donc le cinquième de $12^{\#}$, qui est $2^{\#}$ 8^{s}. Passant ensuite aux deniers, je remarque que le nombre 8 est aliquote du facteur précédent 2^{s}, dont il est le tiers; le produit par 8^{d} doit donc être le tiers de celui par 2^{s}, c'est-à-dire, le tiers de $48^{s} = 16^{s}$. Ici l'opération est terminée, puisque j'ai multiplié toutes les parties du multiplicande par le multiplicateur; il ne reste plus qu'à ajouter les produits partiels, dont la somme $879^{\#}\ 4^{s}$ est le produit demandé, de même qu'au n.° 218.

223) Telle est la règle genérale de la multiplication au moyen des parties aliquotes. Il s'offre dans les applications plusieurs moyens d'abréger. La pratique et la sagacité de l'instituteur les lui feront reconnaître et appliquer avec plus ou moins de facilité et de succès.

224) Venons au second cas de la multiplication, celui d'un nombre complexe par une fraction ou un nombre fractionnaire.

Rappelons-nous d'abord ce que nous avons dit de la multiplication des fractions, et nous verrons qu'il faut *multiplier le nombre complexe par le numérateur de la fraction et diviser le produit par le dénominateur.*

Exemple. Si l'on avait 26 ## 13 ʃ 9 ∂ à multiplier par $\frac{5}{8}$, il est évident qu'il faudrait multiplier d'abord par 5, puis prendre le huitième du produit, ce que je fais ainsi :

26 ## 13 ʃ 9 ∂
$\frac{5}{8}$
133 ## 8 ʃ 9 ∂
16 13 7 $\frac{1}{8}$

Après avoir posé l'opération, je dis d'abord, 5 fois 9 ∂ font 45 ∂, qui, divisés par 12, donnent 3 ʃ 9 ∂ ; je pose 9 ∂ et retiens 3 ʃ ; je multiplie ensuite 13 ʃ par 5, ce qui, avec les 3 ʃ retenus, fait 68 ʃ, qui valent 3 ## 8 ʃ ; je pose 8 ʃ et retiens 3 ##. Je continue ensuite de multiplier les livres par 5, en ajoutant les 3 retenues, et j'ai pour produit, par 5, 133 ## 8 ʃ 9 ∂. Mais il est évident que ce produit est 8 fois trop fort ; je divise donc par 8, en disant : le 8.me de 13 est 1, reste 5, qui, porté au rang des unités, fait 53 unités en tout ; le 8.me de 53 est 6 pour 48, reste 5 ##, qui, avec les 8 ʃ, font 108 ʃ, dont le 8.me est 13 pour 104 ; reste 4 ʃ, qui valent 48 et 9 font 57 ∂, dont le 8.me est 7 pour 56, reste $\frac{1}{8}$; ce qui donne 16 ## 13 ʃ 7 ∂ $\frac{1}{8}$ pour produit de 26 ## 13 ʃ 9 ∂ × $\frac{5}{8}$.

225) Il est évident qu'on aurait eu le même produit en prenant d'abord le huitième de 26 ## 13 ʃ 9 ∂, et le multipliant ensuite par 5, puisqu'on aurait pris 5 fois la huitième partie du multiplicande ; ce qui est bien aussi le multiplier par $\frac{5}{8}$ ou le répéter $\frac{5}{8}$ de fois.

226) Nous avons vu (n.° 157) le moyen de convertir des entiers en fractions. Si donc il s'agit de multiplier un nombre complexe par un nombre fractionnaire, il suffit de convertir les entiers en fractions, et de multiplier comme ci-dessus. Exemple : soit le même nombre complexe 26 ## 13 ʃ 9 ∂ à multiplier par 9 aunes $\frac{5}{8}$. Je convertis d'abord les entiers en fractions, ce qui me donne $\frac{77}{8}$ d'aune pour multiplicateur ; puis je multiplie (n.° 222) tout le multiplicande par le

numérateur 77. Je divise ensuite le produit par le dénominateur 8.

26ᴴ	13ˢ	9ᵈ
77		
182		
182		
38	10	
7	14	
3	17	
1	18	6
0	19	3
2054ᴴ	18ˢ	9ᵈ

Le produit est 2054ᴴ 18ˢ 9ᵈ, dont je prends le 8.ᵉ, qui est 256ᴴ 17ᵈ $4\frac{1}{8}$ˢ.

227) Les deux numéros 218 et 224 nous prouvent que cette opération pourrait se faire aussi en multipliant d'abord le multiplicande complexe par les entiers, puis par la fraction du multiplicateur. Exemple : si l'on avait 26ᴴ 13ˢ 9ᵈ à multiplier par 9 aunes $\frac{5}{8}$, on multiplierait d'abord le multiplicande par 9.

On multiplie ensuite tout le multiplicande par la fraction $\frac{5}{8}$, comme ci-dessus (n.° 224), et on aura au produit . . . . . .

26ᴴ	13ˢ	9ᵈ
$9\frac{5}{8}$		
240	3	9
16	13	$7\frac{1}{8}$

ce qui donnera, au produit total, 256ᴴ 17ˢ $4\frac{1}{8}$ᵈ, produit égal au précédent.

228) Nous ferons observer en passant que, quand les deux termes de la fraction n'ont qu'un seul chiffre, l'opération peut se faire très-facilement ; mais il est évident que, dans tout autre cas, l'opération se ferait de même, sauf à faire séparément les calculs, si les nombres sur lesquels il s'agit d'opérer étaient trop grands pour que l'on pût multiplier de tête.

229) Ce principe de la multiplication d'un nombre complexe par une fraction nous mène à l'évaluation des fractions en nombres complexes.

Évaluer une fraction en sous-espèces d'une unité principale quelconque, c'est déterminer sa valeur en sous-espèces de cette unité principale : ainsi, évaluer $\frac{5}{8}$ de la livre, c'est déterminer combien $\frac{5}{8}$ de la livre valent de sous et de deniers; évaluer $\frac{8}{9}$ de la toise, c'est chercher combien ces $\frac{8}{9}$ valent de pieds, pouces, lignes, etc. Pour faire cette évaluation, par exemple, celle des $\frac{5}{8}$ de la livre, il suffit de se rappeler que $\frac{5}{8}$ de la livre est la même chose que le huitième de 5 ''; et comme on ne peut prendre ce huitième, il faut convertir les cinq livres en sous, ce qui donne 100 sous, dont on prend le huitième, qui est 12 pour 96; il reste 4 sous, que l'on convertit en deniers, et qui donnent 48 ∂ dont on prend aussi le huitième, qui est 6; ainsi les $\frac{5}{8}$ de la livre ou le huitième de 5 '' est 12 ˢ 6 ∂.

De même, s'il faut évaluer les $\frac{8}{9}$ de la toise, ce qui revient à prendre le neuvième de 8 toises, on convertit les 8 toises en pieds, ce qui donne 48 pieds, dont on prend le neuvième, qui est 5 pour 45; restent 3 pieds, qui valent 36 pouces, dont le neuvième est 4; ainsi les $\frac{8}{9}$ de la toise, ou le neuvième de 8 toises est 5 pieds 4 pouces.

230) Ce moyen d'évaluer les fractions de l'unité principale en sous-espèces peut également s'appliquer aux parties ou fractions décimales de cette unité; car ces fractions peuvent aussi être considérées comme des fractions simples, qui ont pour dénominateur 10, 100, 1000, 10000, etc. $0{,}7 = \frac{7}{10}$; $0{,}137 = \frac{137}{1000}$; donc, pour évaluer une fraction décimale en sous-espèces de l'unité principale quelconque, on opère comme il suit.

Évaluer en pieds, pouces, etc., $0^{t},426$.

$0^{t},426$	Je multiplie d'abord les chiffres décimaux
p. 6	par 6, et je sépare le dernier chiffre à
$2^{pi},556$	gauche qui représente les pieds; je multiplie
12	ensuite par 12 la fraction décimale restante;
$6^{po},672$	j'ai au produit 6^{po}, et une nouvelle fraction
12	décimale, que je multiplie encore par 12, et
$8^{l},064$	dont le produit me donne, en séparant les

3 derniers chiffres, 8 lignes. J'ai donc en résultat $0^{t},426$

$= 0^{l}\ 2^{pi}\ 6^{po}.\ 8^{l}$, et une fraction décimale, $0^{l},064 = \frac{64}{1000}$ de la ligne, qui peut être négligée sans aucun inconvénient.

Cette évaluation des parties décimales d'une unité quelconque trouve souvent son application dans la conversion des unités du système métrique en nombres complexes, ainsi que nous le verrons plus bas.

231) Passons au troisième cas, celui de la multiplication d'un nombre complexe par un nombre complexe. Il faut d'abord multiplier tout le multiplicande par les unités principales, puis par les sous-espèces du multiplicateur; ce que nous avons vu (n.ºs 218 et suiv.) nous en donne les moyens. Prenons pour exemple $67^{\#}\ 18^{s}\ 8^{d}$ à multiplier par 36 livres 10 onces 6 gros, c'est-à-dire qu'il s'agit de déterminer le prix de 36 livres 10 onces 6 gros d'une marchandise à $67^{\#}\ 18^{s}\ 8^{d}$ la livre.

Je pose ainsi la multiplication :

M.	$67^{\#}$	18^{s}	8^{d}		
p.	36 ℔	10^{onc}	6^{gr}		
	402				
	201				
p. 10^{s}	18				
p. 5	9				
p. 2	3	12^{s}			
p. 1	1	16			
p. 8^{d}	1	4			
p. 8^{onc}	33	19	4		
p. 2^{onc}	8	9	10		
p. 4^{gr}	2	2	5	$\frac{1}{2}$	$\frac{2}{4}$
p. 2^{gr}	1	1	2	$\frac{3}{4}$	$\frac{3}{4}$
	$2491^{\#}$	4^{s}	$10^{d}\ \frac{1}{4}$		

Je multiplie d'abord les unités principales du multiplicande par les unités principales du multiplicateur; je multiplie ensuite (n.° 222) les sous-espèces du multiplicande par les unités principales du multiplicateur. Je partage les 18^{s} en parties aliquotes de la livre, qui sont 10, 5, 2, 1. Quant aux 8 deniers, ils sont aliquotes de 2^{s}, qui valent 24^{d}.

Je multiplie ensuite tout le multiplicande par les sous-espèces du multiplicateur, ce qui se fait encore au moyen des parties aliquotes et par le même raisonnement. Je dis donc : si une livre-poids de marchandise coûte $67^{\#}\ 18^{s}\ 8^{d}$, 8 onces ou $\frac{1}{2}$ livre en coûteront la moitié. Je prends en conséquence, pour multiplier par 8 onces, la moitié du multiplicateur. Passant aux 2 onces, qui sont le quart de 8 onces, je prends le quart du produit précédent, qui est $8^{\prime\prime}$ 9^{s} 10^{d}. Passant aux gros, je dis : 2 onces valent 16 gros; 6 n'étant pas aliquote de 16, je partage les 6 gros en 4 gros et 2 gros. Je prends pour 4 gros le quart du produit de 2 onces, et pour 2 gros la moitié du produit de 4 gros. Ici se termine la multiplication : j'ajoute ensuite les divers produits partiels, et leur somme $2491^{\prime\prime}$ 4^{s} $10\frac{1}{4}^{d}$ est le produit demandé.

232) Nous observerons, au sujet de cette opération, qu'au lieu de partager 18 sous en 10, 5, 2 et 1 pour avoir des parties aliquotes de la livre, on aurait pu les partager en 10 et 2 fois 4; il y aurait même eu l'avantage d'abréger l'opération, et c'est à ces abréviations, ainsi que nous l'avons dit (n.° 223) qu'il est bon de s'exercer. Il faut observer cependant que ce n'est plus du facteur précédent 10 sous que les deux facteurs 4 sont aliquotes, mais de la livre, dont ils sont le cinquième. Nous allons exposer comparativement les deux résultats.

Il s'agissait (n.° 231) de multiplier 36 ℔ par 18^{s} au moyen des parties aliquotes.

		36			36	
Nous avons partagé les 18^{s} en 10, 5, 2 et 1, et nous avons pris successivement	pour 10^{s} la moitié, considérant comme livres	18		en partageant les 18^{s} en 10 et 2 fois 4, nous aurions pour 10^{s} la moitié	18	
	pour 5^{s}, la moitié .	9		pour 4, le 5.e de 36 .	7	4
	pour 2, le 5.e du produit de 10	3	12	encore une fois pour 4	7	4
	pour 1^{s}, la moitié du produit de 2 . .	1	16		$32^{\prime\prime}$	8^{s}
	Produit total de 36 par 18 . .	$32^{\prime\prime}$	8^{s}			

Produits égaux ; mais le deuxième moyen est plus court.

233) Ces développemens de la multiplication des nombres complexes sont, nous devons le croire, suffisans pour des élèves déjà exercés sur l'arithmétique entière. C'est à

l'instituteur de multiplier les applications et de prouver, par la comparaison de ces calculs avec ceux du nouveau système, toute la supériorité du nouveau.

Les tableaux 4 et 5 (*f.*[os] 92 et 93) offrent diverses questions sur la multiplication des nombres complexes.

Division des nombres complexes.

234) La division des nombres complexes présente différens cas, qui peuvent se réduire à trois : 1.° *la division d'un nombre complexe par un nombre incomplexe ;* 2.° *la division d'un nombre complexe par un nombre fractionnaire ou une fraction ;* 3.° *la division d'un nombre complexe par un nombre complexe.*

235) 1.er cas. De la division d'un nombre complexe par un nombre incomplexe.

Je divise d'abord comme à l'ordinaire les unités principales par le diviseur donné ; s'il y a un reste, je le convertis en unités de l'espèce suivante, en ajoutant les unités de cette même espèce ; je divise de nouveau, en me rappelant que le quotient doit être de même espèce que le dividende. S'il y a encore des sous-espèces, je convertis le reste en sous-espèces, et je continue de même la division.

Soit, par exemple, 428 ″ 12 ſ 8 ∂ à diviser par 48 ou à partager entre 48 personnes, je pose la division comme à l'ordinaire.

```
428″12ſ8∂ | 48
 44       | 8″18ſ7∂
 20
 ----
 892ſ
 412
  28
  12
 ----
 344∂
  8/48 = 1/6
```

Je dis ensuite : en 428, combien de fois 48 ? il y est 8 fois, que je mets au quotient ; je convertis le reste 44 en sous, en le multipliant par 20 et ajoutant au produit les sous que j'ai déjà. Je continue ensuite la division, en disant : en 89 combien de fois 48 ? 1 fois, que j'écris aux dixaines de sous. A côté du reste 41 j'abaisse le 2 ; en 412 combien de fois 48 ? il y est 8 fois, et il reste 28^{s} que je convertis en deniers, observant d'ajouter les deniers que j'ai déjà. Divisant, enfin, les deniers par 48, j'ai au quotient 7^{d}, avec un reste de 8, que je puis mettre sous la forme de fraction, ou négliger comme n'ayant point une valeur qui puisse être réalisée : le quotient est donc $8^{\#}\ 18^{s}\ 7\frac{1}{6}{}^{d}$, ou plutôt $8^{\#}\ 18^{s}\ 7^{d}$.

236) 2.ᵉ cas. De la division d'un nombre complexe par un nombre fractionnaire ou par une fraction.

Pour diviser un nombre complexe par un nombre fractionnaire, par exemple, pour diviser le nombre $234^{\#}\ 18^{s}\ 6^{d}$ par 17 aunes $\frac{7}{8}$, je pose la division comme à l'ordinaire.

	aunes
$234^{\#}\ 18^{s}\ 6^{d}$	17 $\frac{7}{8}$
$1879^{\#}\ 8^{s}\ 0^{d}$	143
449	$13^{\#}\ 2^{s}\ 10^{d}$
20	
20	
408^{s}	
122	
12	
1464^{d}	
34	

Je convertis d'abord les aunes en huitièmes, ce qui, avec les 7 que j'ai déjà, donne en tout $\frac{143}{8}$; mais, pour faciliter la division, je supprime le dénominateur 8, ce qui rend le diviseur 8 fois trop fort. Or nous avons vu que, si l'on multiplie par un même nombre les deux termes d'une division, on ne change pas le quotient; donc, pour que le quotient soit à sa juste valeur, je multiplierai aussi tout le dividende par 8, en disant : 8 fois 6^{d} font 48^{d}, qui valent 4^{s}, etc., comme au n.° 224. Je fais ensuite la division comme ci-dessus, et j'ai au quotient $13^{\#}\ 2^{s}\ 10^{d}\ \frac{34}{143}$, fraction à négliger à cause de son peu de valeur.

Si le diviseur était une fraction, on voit par le même raisonnement qu'en supprimant le dénominateur on rend le diviseur, qui est le numérateur, un certain nombre de fois trop grand; il faut donc rendre aussi le dividende le même nombre de fois plus grand, ce qui revient à *supprimer le dénominateur de la fraction diviseur, à multiplier le dividende par ce dénominateur, et à faire ensuite la division comme à l'ordinaire.*

Soit, par exemple, 23 livres 6 onces 4 gros à diviser par $\frac{7}{9}$; je pose ainsi la division :

23 ℔ 6^{onc} 4^{gr}	$\frac{7}{9}$
210 ℔ 10^{onc} 4^{gr}	7
000	30 ℔ 1^{onc} 4^{g}
3	
8	
28^{gr}	

Je multiplie le dividende par le dénominateur 9, et la question se réduit à diviser 210 ℔ 10^{onc} 4^{gr} par 7. Je divise d'abord les livres-poids, ce qui me donne 30; divisant ensuite les 10^{onc}, j'ai au quotient 1^{onc} et pour reste 3^{onc}, que je convertis en gros, ce qui me donne 24 et, avec 4 que j'ai déjà, 28 gros qui, divisés par 7, donnent 4 gros. Le quotient est donc 30 ℔ 1^{onc} 4^{gr}, quotient plus grand que le dividende, conformément à ce que nous avons dit (n.° 199) de la division des fractions.

237) On voit aussi que la règle est la même que pour la division par une fraction, c'est-à-dire que, dans l'exemple ci-dessus, nous avons réellement renversé la fraction diviseur et multiplié le dividende par ce diviseur renversé.

Ainsi l'opération ci-dessus pourrait s'écrire de cette manière :

23 ℔ 6^{onc} 4^{gr} : $\frac{7}{9}$ = 23 ℔ 6^{onc} 4^{gr} $\times \frac{9}{7}$ = 30 ℔ 1^{onc} 4^{gr}, calcul fait.

238) 3.e cas. De la division d'un nombre complexe par un nombre complexe.

La règle générale est de *convertir le diviseur en unités de la plus basse espèce pour en faire un nombre incomplexe; de multiplier ensuite le dividende par les mêmes nombres qui ont servi à multiplier le diviseur, afin que le quotient soit le quotient exact, et, enfin, à faire la division comme à l'ordinaire.*

Soit, par exemple, 224 livres 18 sous 8 deniers à diviser par 23 ans 5 mois 10 jours, ou bien la question suivante : On a payé 224 livres 18 sous 8 deniers pour les arrérages d'une rente pendant 23 ans 5 mois 10 jours; de combien, par an, est cette rente?

Je pose l'opération comme à l'ordinaire.

	ans mois j.
224# 18ʃ 8∂	23 5 10
12	12
2699# 4ʃ 0∂	281m 10j.
30	30
80970	8440 j.
6#	8440
80976#	9# 11ʃ 10∂
5016	
20	
100320ʃ	
15920	
7480	
12	
89760∂	
5360	

Je convertis ensuite les 23 ans en mois, ce que je fais en les multipliant par 12, et j'ai pour nouveau diviseur 281 mois 10 jours. Je multiplie le dividende par ce même nombre 12, afin que le quotient ne change pas de valeur. Je convertis ensuite les mois en jours, en les multipliant par 30, et j'ai pour diviseur le nombre incomplexe 8440; je multiplie de même le dividende par 30, et ma division se réduit à celle de 80976 # par 8440. Faisant le calcul, j'ai pour premier quotient 9 # avec un reste de 5016 #, que je convertis en sous; continuant la division, j'ai au quotient 11 et un reste de 7480, que je convertis en deniers. Faisant ensuite cette dernière division, j'ai au quotient 10 ∂ avec un reste de 5360. Le quotient de cette division est donc 9 # 11 ʃ 10 ∂ $\frac{5360}{8440}$, ou $\frac{134}{211}$.

239) Comme la conversion du diviseur en unités de la plus basse espèce n'a d'autre but que d'en faire un nombre incomplexe, il est évident que l'on peut souvent atteindre ce but par un moyen plus simple, qui consiste à multiplier ce diviseur par un nombre tel que les sous-espèces disparaissent, et à multiplier ensuite le dividende par le même nombre.

Prenons la même division.

Dividende	Diviseur
	ans mois j.
224″ 18ʃ 8∂	23 5 10
3	3
	ans mois
674″ 16ʃ	70 4
3	3
2024″ 8ʃ	211
125	9″ 11ʃ 10∂
20	
2508ʃ	
398	
187	
12	
2244∂	
134	

En multipliant le diviseur et le dividende par 3, je n'aurai plus que des ans et des mois au nouveau diviseur; j'aurai 674″ 16ʃ à diviser par 70 ans 4 mois. Je vois que, si je multiplie encore par 3, je n'aurai plus de mois, et que dès-lors le diviseur sera incomplexe. J'aurai donc pour dividende définitif 2024″ 8ʃ, et pour diviseur le nombre incomplexe 211. Faisant l'opération, j'ai au quotient 9″ 11ʃ 10∂ $\frac{134}{211}$, nombre égal à celui du n.° 238.

Comparant ces deux opérations, je vois que dans la première le dividende et le diviseur ont été tous deux multipliés par 12, puis par 30; ou, ce qui revient au même (n.° 34), par $12 \times 30 = 360$. Dans le second cas, les deux termes de la division n'ont été multipliés que par 3, puis par 3, ou, ce qui revient au même, par 3×3 ou par 9, c'est-à-dire par un nombre 40 fois moindre, parce qu'en effet il suffit de faire disparaître les sous-espèces du diviseur, et pour cela de choisir un multiplicateur qui atteigne ce but, ce qui est presque toujours beaucoup plus court que de le convertir en unités de la plus basse espèce.

240) Soit cette autre division : 319″ 12ʃ 7∂ à diviser par 24″ 15ʃ 8∂, pour trouver au quotient des toises et sous-espèces de la toise; ce qui revient à cette question : On a payé 319″ 12ʃ 7∂ pour un certain ouvrage, à raison de 24″ 15ʃ 8∂ la toise; on demande combien il y a de toises d'ouvrage.

On voit que, dans ce cas-ci, il s'agit de chercher combien de fois 319″ 12ʃ 7∂ contiennent 24″ 15ʃ 8∂, ce qui donnera le nombre de toises de l'ouvrage. Cette opération semble d'abord offrir une difficulté, puisqu'il faut diviser des livres par des livres, tandis que l'on doit trouver des toises et parties de toises au quotient ; mais il est facile de concevoir que l'on peut, après avoir converti les deux termes en nombres incomplexes, considérer le dividende comme un nombre de toises, faire la division comme à l'ordinaire, et qu'alors on aura au quotient des toises et parties de la toise. Posant donc l'opération, je commence par convertir les unités supérieures, c'est-à-dire les livres et sous, en deniers.

319# 12s 7d	24# 15s 8d
20	20
6392s	495s
12	12
76711d	5948d

Après cette conversion, le calcul se réduit à diviser 76711 deniers par 5948 deniers ; mais, comme on cherche des toises au quotient, il faut considérer le dividende comme un nombre de toises, et le diviseur comme un nombre abstrait.

```
   t
76711 | 5948
17231 |------------------------
 5335 | 12t 5pi 4po 6l  5688/5948 = 1422/1487.
    6 |
-----
32010 pi
 2270
   12
-----
27240 po
 3448
   12
-----
41376 l
 5688
```

Le quotient sera donc 12t 5pi 4po 6l, et la fraction $\frac{1422}{1487}$, qui peut être négligée.

241) Enfin, si le diviseur était complexe et le dividende incomplexe, il faudrait (n.° 239) faire disparaître les sous-

espèces du diviseur, et multiplier le dividende par les mêmes nombres qui ont multiplié le diviseur.

242) C'est ici le cas de rappeler le principe émis sur la division (n.° 42), qui est que *l'espèce du quotient dépend toujours de l'état de la question*, et de multiplier les applications à ce principe.

243) Ces exemples suffiront à l'instituteur pour exercer les élèves sur tous les cas de la division des nombres complexes, et surtout pour leur faire sentir la supériorité du système métrique sur celui des nombres complexes.

Les tableaux 6, 7 et 8 (*f.*os 94, 95 et 96) offrent diverses questions sur la division des nombres complexes; le dernier de ces tableaux offre des questions composées des diverses opérations sur les mêmes nombres.

Conversion des unités de l'ancien système des poids et mesures en unités du système métrique, et réciproquement.

244) Après avoir exposé, dans la première partie, les règles de l'arithmétique simplifiée par les avantages du système métrique; après avoir donné, dans la seconde, le calcul des fractions et des nombres complexes servant de base à l'ancien système, nous allons nous occuper du passage des anciennes unités aux nouvelles, et réciproquement de celui des nouvelles aux anciennes, c'est-à-dire, des moyens de convertir les anciennes en nouvelles, ou les nouvelles en anciennes.

245) Quelques calculateurs ont publié des tables toutes faites de ces conversions : celles de Carondelet, qui sont très-étendues; celles d'Eyth, d'Aufschlager, et quelques autres, ont été plus particulièrement calculées à l'usage des départemens du Haut-Rhin et du Bas-Rhin, où il y avait une si grande variété dans les valeurs de l'aune, de la livre-poids, de la pinte, du boisseau, etc.

Ces tables pourraient, à la rigueur, dispenser de recourir aux calculs; mais elles ne peuvent être à la portée de tous ceux qui en auraient besoin : quelquefois aussi elles sont fautives. D'un autre côté, il est nécessaire que l'instituteur connaisse les règles bien simples de ces conversions, et qu'il y exerce les élèves.

246) Le plan de notre ouvrage ne nous permet pas d'approfondir la partie scientifique du système, ni de développer les théories qui lui servent de base; nous nous bornerons à faire voir sommairement comment toutes ces unités, poids, mesures ou monnaies, sont déduites d'une seule, qui est invariable : c'est le *mètre*, mesure de longueur.

247) Nous rappellerons d'abord ce qui a été dit (n.° 70 et suivans) sur les différentes unités usuelles. Nous y ajouterons, mais seulement pour ceux des instituteurs qui pourront nous comprendre, que

1.° Le mètre vaut la dix-millionième partie de la distance du pôle à l'équateur (mesurée au méridien de Paris); c'est une longueur de 3 pi.,07844.

2.° L'arc, qui est la mesure agraire, est une surface carrée de 10 mètres de long sur 10 mètres de large, qui vaut par conséquent 100 mètres carrés.

3.° Le stère, qui sert à mesurer les bois, est lui-même un volume ayant la forme d'un dé à jouer, qui a 1 mètre de long sur 1 mètre de large et 1 mètre de haut, ou 1 mètre carré de base sur 1 mètre de haut, ou, enfin, 1 mètre cube. Le stère dérive donc aussi du mètre.

4.° Le *litre*, qui sert à mesurer les graines, etc., équivaut au décimètre cube, c'est-à-dire à un cube qui a un décimètre sur chaque dimension ou en tout sens; c'est ainsi que le litre se rattache encore au mètre cube, dont il est la millième partie.

5.° Le poids du *gramme* équivaut à celui d'un centimètre cube d'eau distillée.

6.° Enfin, le *franc*, unité de monnaie, est une pièce

d'argent pesant 5 grammes et alliée d'un dixième de cuivre. Le franc dérive ainsi du gramme, qui lui-même dérive du mètre.

248) Après cette courte digression, qui n'est pas de rigueur dans l'enseignement primaire, revenons au mètre. Puisqu'il vaut $3^{pi},07844$, il est évident que le pied est au mètre :: 1 : $3^{pi},07844$: évaluant ce rapport (n.° 112) j'ai $\frac{1}{3,07844}$; faisant la division (n.° 104), il me vient pour la valeur du pied, exprimée en parties du mètre, $0^{m},32484$.

Actuellement, si j'ai un nombre quelconque de pieds à convertir en mètres, il est évident que j'aurai pour chaque pied $0^{m},32484$; donc, pour convertir des pieds en mètres et divisions décimales du mètre, il faut *multiplier le nombre de pieds par le rapport trouvé* $0^{m},32484$.

Si, outre les pieds, on avait des sous-espèces, il faudrait d'abord convertir ces sous-espèces en fractions décimales du pied, et la conversion se ferait en multipliant le tout par le rapport donné. Premier exemple :

Soit le nombre $57^{pi}\ 9^{po}\ 8^{l}$ à convertir en mètres et divisions du mètre. Pour convertir en décimales les $9^{po}\ 8^{l}$, je convertis d'abord les pouces en lignes, et j'ai en tout 116 lignes. Or, le pied vaut 144 lignes; le nombre donné devient donc celui-ci, $57\frac{116}{144}$ pi. Convertissant les fractions en décimales, il vient $57^{pi},8055$, que je convertis en mètres en multipliant par le rapport connu 0,32484, et j'ai au produit $18^{m},777$, ou (en négligeant les millimètres, mais ajoutant pour ces 7 millimètres 1 centimètre) $18^{m},78$. Donc, enfin, le nombre proposé, $57^{pi}\ 9^{po}\ 8^{l}$ égale $18^{m},78$ avec une exactitude suffisante; d'ailleurs, si elle ne l'était pas assez, on conserverait les millimètres.

249) Il est évident que cette règle est la même pour toute autre espèce d'unités anciennes, et qu'il suffit, pour faire la conversion, de connaître le rapport de l'unité principale ancienne à l'unité correspondante nouvelle : donc la règle générale est de *convertir le nombre complexe*

donné en un nombre décimal équivalent, de multiplier ensuite ce nombre décimal par le rapport métrique de l'ancienne unité à la nouvelle.

250) Quoique cette règle générale doive suffire pour tous les cas, nous allons entrer encore dans quelques détails, et nous reviendrons d'abord sur la conversion des mesures de longueur.

Nous avons établi (n.° 248) le rapport du pied au mètre, et nous avons vu que le pied vaut $0^{m},32484$: si nous voulons connaître le rapport de la toise au mètre, il suffit de multiplier la valeur du pied par 6, ce qui nous donnera pour le rapport de la toise au mètre $1^{m},94904$, en négligeant les chiffres décimaux au-dessous du cinquième rang. Si donc j'avais un nombre de toises, pieds, pouces, etc., au lieu de convertir les toises en pieds, ce qui ramènerait la question à celle du n.° 248, je me servirais du rapport de la toise au mètre. Soit le nombre $24^{t}\ 4^{pi}\ 4^{po}\ 4^{l}\ 8^{pts}$ à convertir en mètres. Pour cela, je convertis d'abord les sous-espèces en fractions anciennes de la toise, et le nombre donné devient $24\frac{7546}{10368}{}^{t}$; convertissant cette fraction en décimale, j'ai $24^{t},72781$; multipliant par le rapport de la toise au mètre 1,94903, il vient au produit, en négligeant les six derniers chiffres décimaux, $48^{m},195$, qui est la valeur de $24^{t}\ 4^{pi}\ 4^{po}\ 4^{l}\ 8^{pts}$.

251) Quant aux rapports de chaque espèce d'unités principales anciennes aux unités correspondantes nouvelles, ce n'est pas ici le lieu de nous occuper de leur recherche; nous donnerons une table de ces rapports, et, en observant la règle (n.° 249), toutes les conversions pourront se faire sans la moindre difficulté. Voici quelques exemples.

252) 1.° Nous savons que la livre-monnaie ancienne est au franc dans le rapport de 80 à 81 ou :: 80 : 81, ce qui, converti en décimales, nous donne pour la valeur de la livre en francs $0^{f},98765$.

Si, connaissant ce rapport, il s'agit de convertir en francs, décimes, etc., la somme de $87^{\prime\prime}\ 18^{s}\ 6^{\partial}$, il faut d'abord convertir les sous et deniers en fractions décimales de la livre ; le calcul me donne $0^{f},925$, qui, ajoutés aux livres, donnent $87^{f},925$; multipliant par la valeur de la livre en francs, ou, ce qui signifie la même chose, par le rapport de la livre au franc, 0,98765, j'ai au produit $86^{f}8387 2625$, ou, négligeant les cinq derniers chiffres décimaux, $86^{f},838$. Mais 8 millièmes ont une valeur à peine sensible ; supprimant donc encore ce dernier chiffre et ajoutant 1 aux centimes, j'aurai pour valeur un peu trop forte, mais suffisamment exacte, de $87^{\prime\prime}\ 18^{s}\ 6^{\partial}$ en francs et centimes, $86^{f},84$.

253) 2.° Soit encore, pour exemple, la quantité 42 livres 13 onces 7 gros 12 grains, poids ancien, à convertir en kilogrammes et subdivisions du kilogramme. Je convertis d'abord les sous-espèces en fractions décimales de la livre-poids ; je multiplie ensuite par le rapport de la livre-poids au kilogramme.

Convertissant d'abord les sous-espèces en grains, j'ai pour les 13 onces 7 gros 12 grains la quantité de 8004 grains, ou, comme le grain est la 9216.e partie de la livre, j'ai 42 ℔ $\frac{8004}{9216}$ pour valeur du nombre donné, ou, convertissant la fraction en décimales, 42℔,78347.

Je multiplie enfin ce nombre par le rapport de la livre au kilogramme, qui est 0,48951, et, ne prenant que les cinq premiers chiffres décimaux du produit, j'ai 20 kil. 94293 ; ou, supprimant les deux derniers chiffres, et ajoutant, pour plus d'exactitude, une unité au troisième, 20 kil. 943, approximation suffisante, comme il est facile de le faire comprendre.

254) 3.° Soit encore la quantité de 17 mesures 14 pots 2 chopines, mesure de Strasbourg, à convertir en hectolitres et subdivisions de l'hectolitre, le rapport de la mesure de Strasbourg à l'hectolitre, ou sa valeur en hec-

tolitres, étant de $0^{h},45811$ et contenant 24 pots de 4 chopines chaque.

Je convertis en chopines, et j'ai 58 chopines ou $\frac{58}{96}$ de la mesure, ce qui, réunissant les entiers et convertissant la fraction en décimale, donne $17^{m},60416$; multipliant par le rapport connu, j'ai pour la valeur des 17 mesures 14 pots 2 chopines, en négligeant les cinq derniers chiffres, $8^{h},0646$, ou 8 hectolitres 6 litres et 46 centilitres.

Nous donnons ici les principaux rapports des mesures et poids anciens aux mesures et poids métriques, et les principaux rapports inverses.

Table des principaux rapports des poids et mesures anciens aux poids et mesures métriques correspondans, ou conversion de ces poids et mesures en valeurs nouvelles.

255) Quoique ces rapports suffisent aussi pour la conversion réciproque ou inverse des unités métriques en unités de l'ancien système, nous donnerons quelques-uns de ces rapports inverses, dont nous appliquerons plus bas l'usage à des exemples.

Mesures de longueur.	Le rapport de la toise au mètre ou, ce qui est la même chose, la valeur de la toise en mètres est. .	m. 1,94904.	Le mèt. vaut en pieds anc.	pieds 3,07844.
	La valeur du pied en mètres	0,32484.	Le mèt. vaut en aunes anc.	0,8415.
	de l'aune de France en mètres	1,1885.		
Mesures de superficie.	Le grand arpent de 100 perches carrées, de 22 pieds chacune, vaut en hectares. .	0,51072.	L'hectare vaut en grands arpens anciens . . .	arp. 1,958.
	de la perche carrée de Strasbourg	c. m. 8,3592.		

Mesures de capacité.	Liquides	Mesure de Strasbourg de 24 pots, chacun de 4 chopines, en litres	lit. 45,811.	L'hectolitre vaut en mesures de Strasb.	mesures 2,183.
		pot de Strasbourg, en litres	1,909.	Le litre en mesure de Strasbourg. . .	pot. 0,59.
		pinte de Paris, en litr.	0,9518.	Le litre en pintes de Paris	pinte. 1,048.
	Grains, graines.	Le rézal ou sac de Strasbourg, contenant 6 boisseaux. .	116,19.	L'hectolitre en rézaux de Strasbourg .	rézaux 0,86 ou boiss. 5,164.
		le boisseau, en litres	19,36.		
	Bois de chauffage	La corde de Strasbourg se divisant en 12 rings ou cercles, en stères	st. 3,2334.	Le stère en corde de Strasbourg	corde 0,309.
		la corde des eaux et forêts.	3,839.	Le stère en corde ancienne des eaux et forêts.	corde 0,2605.
	Poids	La livre de France, de 16 onces, en kilogrammes	kil. 0,4895.	Le kilogramme, en livres anciennes de France	liv. 2,04288.
		la livre de Strasbourg, en kilogrammes. .	0,4717.		
		Elle se divise en demi-onces ou loths, gros, etc.			

Monnaies : la livre tourn. en franc, 0,9877 ; le franc en livre tourn. 1,0125.

Notre objet n'étant pas, ainsi que nous l'avons dit, de donner des comptes faits, mais d'indiquer les moyens de faire les calculs, cette table est plus que suffisante pour mettre les instituteurs à même de joindre l'exemple au précepte.

C'est pourquoi nous ne sommes pas entrés dans le détail presque infini des différentes mesures particulières au seul département du Bas-Rhin ; nous renvoyons pour cela aux tables déjà citées de Carondelet, comme les plus complètes que nous connaissions, et en même temps les plus propres à donner une idée exacte de cette bigarrure de poids et mesures différentes, de Strasbourg, de Haguenau, de Wissembourg, de Barr, d'Obernai, de Saar-Union, etc.

Quant aux rapports inverses, quoique l'on puisse s'en passer, nous avons donné les principaux, afin que l'instituteur puisse aussi exercer les élèves sur la conversion inverse par voie de multiplication; mais, plus on en donnerait, plus il serait à craindre qu'il ne s'y glissât quelques erreurs, tandis que, se servant du même rapport pour chaque conversion directe ou réciproque, on y est moins exposé.

256) Le raisonnement étant absolument le même pour la conversion des unités nouvelles en unités anciennes, il est évident que la règle doit aussi être la même, et que dès-lors il faut connaître le rapport de l'unité principale nouvelle à l'unité ancienne correspondante. Ce rapport étant connu, il faut, pour la conversion, *multiplier le nombre d'unités nouvelles par ce rapport;* le produit sera un nombre décimal dont les entiers exprimeront les unités principales anciennes; quant à la fraction décimale restante, on la convertira ou évaluera en sous-espèces complexes par le moyen indiqué n.° 230. Exemple :

Soit le nombre $18^{m},78$ à convertir en toises, pieds, pouces etc., mesure ancienne. Je cherche, dans la table, le rapport du mètre à la toise : il n'y est pas; mais il est facile de le calculer, puisqu'il est évidemment le 6.e du rapport du mètre au pied, ce qui me donne $0^{t},51307$; je multiplie le nombre donné par ce rapport, qui est la valeur du mètre en toises, et j'ai au produit $9^{t},635079$.

$$\begin{array}{r} 9^{t},635079 \\ 6 \\ \hline 3^{pi},810474 \\ 12 \\ \hline 9^{po},725688 \\ 12 \\ \hline 8^{l},708256 \end{array}$$

Pour évaluer en pieds, pouces, lignes, cette fraction décimale de la toise, je multiplie d'abord par 6, et, séparant le dernier chiffre à gauche, j'ai au produit 3 pieds et une nouvelle fraction décimale, que je multiplie par 12 pour avoir les pouces; séparant encore le dernier chiffre, j'ai 9 pouces, et une fraction décimale que je multiplie par 12, pour avoir les lignes; et je trouve enfin pour la valeur de $18^{m},78$ en toises, pieds, pouces, etc.,

$9^{t}\ 3^{pi}\ 9^{po}\ 8^{l}$, et une fraction décimale que j'abandonne.

Comparant cet exemple à celui donné (n.° 248), auquel il peut servir de preuve, on voit que l'on a retrouvé le même nombre complexe, à la fraction décimale près; car $57^{pi} = 9^{t}\ 3^{pi}$, donc $57^{pi}\ 9^{po}\ 8^{l} = 9^{t}\ 3^{pi}\ 9^{po}\ 8^{l}$. Mais il est facile de concevoir que cette fraction provient de ce qu'au lieu de $18^{m},777$, nous avons, dans le n.° 248, négligé les millimètres en ajoutant un centimètre, afin d'avoir moins de chiffres, ce qui nous a donné pour résultat $18,^{m}78$, qui est trop fort d'une quantité si petite qu'elle ne peut être évaluée.

257) Au surplus, cette manière de convertir les nouvelles unités en unités anciennes peut aussi, comme on le voit, servir de preuve à l'opération inverse; mais il ne faut pas oublier que, dans les résultats de ces calculs, il y a toujours, et doit y avoir, de petites différences provenant des décimales négligées, différences toujours trop insignifiantes pour que l'on s'y arrête.

258) Cependant le moyen indiqué (n.° 256) pour la conversion des unités du nouveau système en unités anciennes, n'est pas toujours admissible, parce que les tables des rapports sont souvent incomplètes. Mais les rapports des unités anciennes aux nouvelles sont toujours suffisans, et, pour les employer dans ces conversions, il suffit de diviser le nombre des unités nouvelles par ce rapport, au lieu de multiplier (comme n.° 256) par le rapport inverse. Exemples.

1.° Soit, d'abord, le nombre $48^{m},195$ à convertir en toises, pieds, pouces, etc. Je me rappelle que le rapport de la toise au mètre, ou la valeur de la toise en mètres, est $1^{m},94903$; faisant la division par ce rapport, je trouve $24^{t},2146$; évaluant cette fraction décimale de la toise, il me vient $1^{pi}\ 3^{po}\ 5^{l}\ 5^{pts}$ et une fraction décimale de points que j'abandonne, et j'ai $24^{t}\ 1^{pi}\ 3^{po}\ 5^{l}\ 5^{pts}$ avec une exactitude plus que suffisante pour la valeur de $48^{m},195$.

Il est facile de voir que les 8 points peuvent de même

être négligés; aussi n'est-ce que pour l'instruction que nous avons poussé si loin le calcul.

2.° Soit le nombre $86^f,84^c$, monnaie nouvelle, à convertir en livres, sous et deniers anciens. Connaissant le rapport de la livre au franc, qui est 0,98765, je divise le nombre donné par ce rapport, et j'obtiens pour quotient $87^{ll},9259$. Pour évaluer cette fraction décimale de la livre en sous et deniers, je la multiplie (n.° 230) par 20, et, séparant les décimales du produit, il me vient $18^s,518$; multipliant la nouvelle fraction par 12, et séparant encore les décimales, j'ai 6 deniers et une fraction décimale que j'abandonne.

Comparant ce résultat à celui de l'opération inverse, faite n.° 252, je vois que la valeur de $86^f,84^c$ en livres, sous et deniers, est vraiment $87^{ll}\ 18^s\ 6^d$; quant à la fraction décimale abandonnée, on voit qu'elle provient de celle que j'ai négligée lors de la conversion des livres en francs.

3.e Exemple. Sachant que l'aune de France est au mètre :: 1 : 1,1884 ou vaut $1^m,1884$, convertir $234^m,287$ en aunes de Paris. Je divise les $234^m,285$ par la valeur de l'aune en mètre ou par le rapport de l'aune au mètre, qui est $1^m,1884$, et j'ai au quotient $197^a,1449$, ou, supprimant le dernier chiffre, ajoutant 1 aux millièmes $197^a,145$, que je puis mettre sous cette forme $197^a,\frac{145}{1000}$, et réduisant la fraction à ses moindres termes $\frac{29}{200}$, ou décomposant ces $\frac{29}{200}$ en $\frac{25}{200}+\frac{4}{200}$, et $\frac{25}{200}$ faisant $\frac{1}{8}$, on aura pour résultat définitif 197 aunes $\frac{1}{8}$, négligeant $\frac{4}{200}$.

Il est au surplus différentes manières d'évaluer par approximation ces fractions de l'unité qui peuvent se rencontrer dans les résultats, et qui font toujours mieux apprécier la supériorité du nouveau système.

4.e Exemple. Soit $137^{kil.},685$ à évaluer en livres-poids et divisions complexes de la livre-poids. Le rapport de la livre au kilogramme, ou la valeur de la livre en kilogramme étant 0,48951, il me vient au quotient 281 ℔,2732; évaluant cette fraction décimale en sous-espèces, je trouve 4 onces, 2 gros, 2 deniers, 22 grains, et une fraction de grains que j'abandonne. J'ai donc pour la valeur de 137^{k},685, convertis en poids ancien, 281 livres 4 onces 2 gros 2 deniers 22 grains.

5.e Exemple. Supposons, pour dernier exemple, 336st,872 de bois à convertir en cordes et cercles, mesure de Strasbourg, le rapport de la corde au stère, ou la valeur de la corde en stères étant 3st,839.

Je divise le nombre donné par ce rapport, et j'ai pour quotient 87^{cordes},75, ou, évaluant les décimales en cercles, pour cela les multipliant par 12, il me vient 87 cordes 9 cercles pour la valeur de 336st,872.

Si, au lieu de me servir du rapport de la corde au stère, j'employais le rapport inverse du stère à la corde, ou la valeur du stère en cordes, qui est 0^{co},2605, je multiplierais le nombre de stères par cette valeur, et, négligeant les cinq derniers chiffres décimaux, j'aurais au produit 87^{co},75, ou, évaluant les décimales, 87 cordes 9 cercles, comme ci-dessus.

259) Quoique dans ce dernier exemple nous ayons encore employé les deux manières, il n'en est pas moins préférable d'habituer les élèves à se servir de préférence de la division pour convertir les unités nouvelles en anciennes, en employant pour cela le seul rapport des unités anciennes aux nouvelles.

Les tableaux 1 et 2 (*f.*^{os} 97 et 98) offrent différentes questions sur la conversion des unités de l'ancien système en unités métriques et réciproquement.

Des mesures agraires.

260) Nous avons déjà parlé des *mesures agraires*; nous les avons même fait entrer plusieurs fois dans nos

calculs, mais seulement comme faisant partie du système métrique, et sans expliquer leur nature, ni leur formation.

261) Elles sont ainsi nommées, parce qu'elles servent à mesurer l'étendue d'un champ, d'un jardin, d'un pré, etc., et en général les surfaces des terres. Or, le mesurage des terres appartient nécessairement à la géométrie pratique ; c'est ce qu'on nomme *arpentage*.

262) L'arpentage proprement dit comprend le mesurage et le partage des terres ; il ne peut donc faire partie d'un ouvrage uniquement destiné à l'enseignement du calcul, ni des obligations imposées aux instituteurs primaires : mais, comme il est enseigné à la classe normale des élèves instituteurs du département du Bas-Rhin, et comme le calcul des surfaces se fait par les mêmes lois que les autres calculs, nous tâcherons de donner une notion succincte, mais aussi claire qu'il nous est possible, de ce calcul.

263) Mesurer la surface d'un terrain quelconque, c'est chercher combien de fois ce terrain contient une autre surface d'une grandeur déterminée, qui est l'unité de mesure : de même que mesurer une distance, une longueur quelconque, c'est chercher combien de fois elle contient une longueur déterminée, *un mètre*, par exemple, qui est l'unité de mesure des longueurs.

264) Les anciennes mesures employées pour l'arpentage étaient l'*arpent*, la *perche carrée*, le *pied carré*, qui variaient de grandeur d'un canton à l'autre, d'un village à l'autre ; celles usitées aujourd'hui, et qui ont le grand avantage d'être partout de même grandeur, sont l'*hectare*, l'*are*, le *centiare* ou mètre carré.

Ainsi, mesurer la surface d'un terrain, ou, plus simplement, *mesurer un terrain*, c'est déterminer le nombre de mètres carrés et de multiples ou sous-multiples du mètre carré que contient sa surface : nous allons donner une idée de la manière dont on s'y prend.

Supposons qu'il s'agisse de mesurer un terrain de la forme ci-après, que nous admettons comme la plus régulière et la plus facile à calculer.

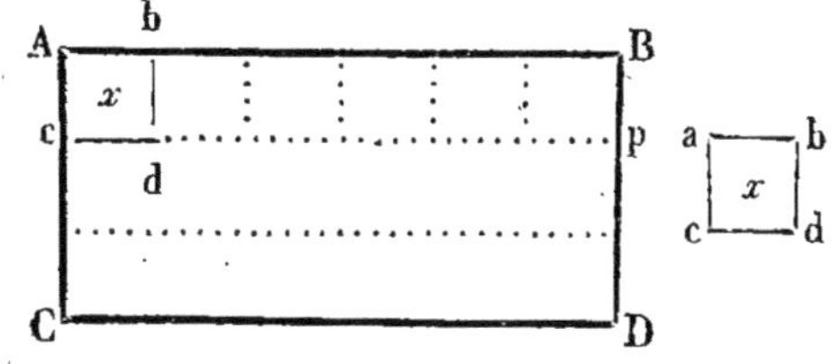

Je place d'abord la mesure adoptée x sur la surface donnée, de façon que le côté $a\,b$ tombe sur le côté $A\,B$ de A en b, et le côté $a\,c$ sur le côté $A\,C$, de A en c. En achevant le carré, on a la figure $A\,b\,c\,d$, qui mesure un mètre carré du terrain donné.

Actuellement, si l'on continue de porter le côté $a\,b$ de la mesure adoptée sur la longueur $A\,B$ du terrain, et que l'on imagine la ligne $c\,p$, il est évident que la bande $A\,B\,p\,c$ contiendra autant de carrés tels que x, que la longueur $A\,B$ contiendra de fois la longueur $a\,b$: elle vaudra donc dans ce cas-ci 6 mètres carrés ; et il est évident qu'on aura autant de ces bandes que la largeur $a\,c$ de la mesure sera contenue de fois dans la largeur $A\,C$ du terrain donné.

Supposons que cette largeur y soit contenue 3 fois : il est évident qu'on aura autant de bandes, chacune de 6 mètres carrés, ce qui pour la totalité donnera 3 fois 6 ou 18 mètres carrés ; ce qui revient à multiplier le nombre des mesures linéaires de l'une des dimensions par le nombre de mesures de même espèce de l'autre : ce que l'on exprime en disant que, pour avoir la surface d'un terrain, *il faut mesurer en mètres sa longueur et sa largeur, et multiplier l'une par l'autre*. Le produit sera des mètres carrés.

On conçoit facilement que, si la longueur et la largeur contiennent des subdivisions du mètre, cela ne change rien ni à la règle ni au calcul, puisque la multiplication des parties décimales se fait comme celle des nombres entiers.

265) L'arpentage faisant, ainsi que nous l'avons déjà dit, partie de la géométrie, nous ne pouvons approfondir davantage cette théorie ; nous nous bornerons à établir en principe que, quelle que soit la forme d'un terrain, elle peut toujours être ramenée aux deux dimensions d'une surface quelconque, longueur et largeur, et que l'on détermine ensuite cette surface en multipliant entre elles ces deux dimensions, ainsi que nous l'avons dit (n.° 264). Passons aux exemples.

Supposons qu'il faille calculer la surface d'un jardin dont la longueur est $87^{m},35$ et la largeur $54^{m},9$.

```
     87,35
      54,9
   --------
     78615
    34940
   43675
   --------
   mèt. car.
   4795,515
```

Je multiplie, comme à l'ordinaire, la longueur par la largeur, et j'ai pour la surface demandée $4795^{mc},515$, c'est-à-dire 4795 mètres carrés ou centiares, ce qui est la même chose, et 515 millièmes ; mais je me rappelle que 100 centiares font un are : la surface demandée est donc $47^{ares},95^{cent},515$.

Soit, pour deuxième exemple, à calculer un terrain de $237^{m},5$ de longueur sur $84^{m},7$ de largeur. Je multiplie encore de même les deux dimensions entre elles, et j'ai au produit $20116^{c},25$, ou 201 ares 16 centiares 25 centièmes ; ou bien, puisque 100 ares font 1 hectare, 2 hectares 1 are $16^{c},25$.

266) L'instituteur ne pouvant exercer ses élèves sur l'arpentage qu'autant qu'il le leur aurait enseigné, nous renvoyons pour les développemens aux ouvrages qui traitent spécialement de cette étude. Nous allons seulement donner un exemple du calcul des anciennes unités.

Soit un terrain dont la longueur est de 282 toises 2 pieds et la largeur 247 toises 4 pieds, à calculer en arpens, perches carrées et pieds carrés : je convertis les deux dimensions en pieds, ce qui me donne pour longueur 1694 pieds, pour largeur 1484, et pour la surface du terrain 2517284 pieds carrés. Mais je sais que le grand arpent est divisé en 100 perches, chacune de 484 pieds carrés. Je convertis donc les pieds carrés en perches carrées, puis en arpens; ce que je fais en divisant d'abord les pieds carrés par 484, ce qui me donne au quotient 5201 perches carrées. Actuellement, pour convertir en arpens, puisque l'arpent est de 100 perches carrées, il suffit de séparer par une virgule les deux derniers chiffres à droite, ce qui me donne pour résultat définitif 52 arpens 1 perche carrée.

267) Quant à la conversion des mesures agraires anciennes en mesures métriques, la règle est évidemment la même que celle établie (n.° 249) : *Convertir les sous-espèces en décimales, et multiplier ensuite par la valeur de l'ancienne mesure en mesures nouvelles, ou par le rapport de l'ancienne à la nouvelle.* Or, une perche carrée est la centième partie de l'arpent. Ainsi, dans l'exemple ci-dessus, 52 arpens 1 perche carrée = $52^{arp},01$. Pour faire la conversion, je multiplie par le rapport qui est 0,5107; il vient au produit $26^{h},5615$, ou 26 hectares 56 ares 15 centiares = 52 arpens 1 perche carrée.

268) On aurait pu, au lieu de convertir la surface trouvée du terrain en mesures métriques, convertir d'abord en mesures métriques les longueurs et largeurs données en toises, puis faire le calcul, et ce moyen est nécessairement préférable, puisqu'il nous ramène au calcul des décimales. Prenons donc l'exemple (n.° 266) :

La longueur du terrain étant 282 toises 2 pieds, sa largeur 247 toises 4 pieds, calculer sa surface. Convertissant les sous-espèces en décimales, la longueur devient $282^{t},333$, la largeur $247^{t},666$. Évaluant ces dimensions en mètres, et ne prenant que trois chiffres décimaux, j'ai $282^{t},333 = 550^{m},267$ et $247^{t},666 = 482^{m},701$. Multipliant l'une par l'autre, et négligeant les six derniers chiffres décimaux, j'ai au produit $26^{h},5614$, ce qui est la quantité déjà trouvée, à la différence près de 1 centiare ou mètre carré, qui provient des décimales négligées.

269) Pour la conversion inverse des mesures nouvelles en anciennes, nous indiquerons encore de préférence, comme nous l'avons déjà fait (n.° 259), la division par le rapport. Si donc on avait $30^{h},2645$ à convertir en arpens et perches carrées, il faudrait diviser le nombre donné par le rapport de l'arpent à l'hectare, qui est 0,5107, et l'on aurait au quotient $59^{arp},2598$; évaluant cette fraction décimale en perches carrées et pieds carrés, on aura 59 arpens 25 perches carrées 477 pieds carrés.

270) Ce que nous venons de dire doit suffire pour les conversions des mesures agraires, dont nous n'avons parlé ici que sous ce rapport, leur formation et leur calcul n'étant pas l'objet de cet ouvrage.

271) Il en est de même du mesurage des solides ou corps solides, pour lesquels l'unité de mesure est le stère ou mètre cube : nous n'en avons traité que sous le rapport des bois à brûler et des conversions en cordes anciennes, ou des cordes anciennes en stères. C'est dans les ouvrages de géométrie que les instituteurs primaires assez forts puiseront leur enseignement pour ces parties. Nous n'avons dû les considérer que sous le rapport de l'enseignement du calcul.

Les tableaux 97 et 98 contiennent, comme nous l'avons déjà dit, les questions relatives aux conversions.

Les six derniers tableaux, n.os 99 jusques et compris 104, offrent diverses questions assez difficiles, plus propres à exciter la curiosité et l'émulation des instituteurs entre eux, qu'à être proposées aux élèves : aussi n'en donnons-nous pas les moyens de solution ; c'est aux instituteurs à les chercher.

FIN DU TRAITÉ D'ARITHMÉTIQUE.

SOLUTIONS DES QUESTIONS

CONTENUES

DANS LES 104 TABLEAUX JOINTS A CET OUVRAGE.

NUMÉRATION.

1.er *Tableau*, *f.*° 1.er

1 —	46.	15 —	6802.
2 —	73.	16 —	7900.
3 —	80.	17 —	8014.
4 —	65.	18 —	6004.
5 —	358.	19 —	3040.
6 —	720.	20 —	13526.
7 —	620.	21 —	78362.
8 —	804.	22 —	30796.
9 —	900.	23 —	42032.
10 —	730.	24 —	26304.
11 —	808.	25 —	39670.
12 —	4569.	26 —	20000.
13 —	3742.	27 —	90006.
14 —	5000.		

2.e *Tableau*, *f.*° 2.

1 —	23060.	11 —	7826000.
2 —	40016.	12 —	3016706.
3 —	30001.	13 —	1832000.
4 —	329436.	14 —	3000742.
5 —	528831.	15 —	4200021.
6 —	368420.	16 —	1260930.
7 —	403604.	17 —	9000004.
8 —	700800.	18 —	18260309.
9 —	130009.	19 —	326439840.
10 —	620029.	20 —	8425369742.

ADDITION.

1.er *Tableau*, *f.*° 3.

1 —	pommes	26.	7 —	quintaux	25.
2 —	livres-poids	15.	8 —	sous	38.
3 —	onces	31.	9 —	livres-poids	31.
4 —	boisseaux	22.	10 —	francs	29.
5 —	mesures	22.	11 —	écus	36.
6 —	écus	18.	12 —	litres	36.

13 — livres-poids. . . . . 30.
14 — boisseaux. . . . . . 20.
15 — onces . . . . 32.
16 — livres-poids. . . . . 44.
17 — aunes . . . . 40.
18 — boisseaux. . . . . . 49.
19 — onces . . . . 36.
20 — pouces. . . . . . . 59.
21 — boisseaux . . . . . 49.
22 — pièces de 2 sous. . . 43.
23 — francs . . . . 52.
24 — livres . . . . 69.
25 — florins. . . . . . . 62.
26 — aunes . . . . 69.
27 — . . . . 62.

2.e *Tableau, f.°* 4.

1 — florins . . . . . . 138.
2 — boisseaux . . . . . 142.
3 — livres. . . . . . . 157.
4 — écus . . . . 148.
5 — . . . . 257.
6 — écus . . . . . . 403.
7 — aunes. . . . . . . 204.
8 — florins . . . . . . 356.
9 — boisseaux . . . . . 201.
10 — livres-poids . . . . 292.
11 — quintaux . . . . . 242.
12 — mesures de vin . . 204.
13 — écus . . . . 370.
14 — florins . . . . . . 330.
15 — livres-poids . . . . 278.
16 — lieues de postes . . 120.

3.e *Tableau, f.°* 5.

1 — francs. . . . . . . 1351.
2 — aunes . . . . 2182.
3 — florins. . . . . . . 3178.
4 — livres-poids. . . . 2177.
5 — arbres. . . . . . . .614.
6 — francs . . . . 1169.
7 — écus . . . . 4837.
8 — aunes . . . . 2888.
9 — francs . . . . 2430.
10 — livres . . . . . . 4870.
11 — boisseaux . . . . . 4032.
12 — arbres. . . . . . .17000.
13 — litres . . . . 8662.
14 — sacs. . . . . . . .29816.
15 — écus. . . . . . . .36443.
16 — florins. . . . . . .10130.
17 — livres-poids. . . .11541.

4.e *Tableau, f.°* 6.

1 — francs . . . . . . 11904.
2 — bêtes. . . . . . . .2515.
3 — pièces de 5 francs. .15426.
4 — livres . . . . . . 6235.
5 — onces . . . . . . .42905.
6 — livres-poids. . . .22690.
7 — pièces de 2 sous. . .16205.
8 — aunes. . . . . . . 30685.
9 — toises. . . . . . .283824.
10 — milles carrés . . . 1916737.
11 — toises . . . . . . 107597.

5.e *Tableau, f.°* 7.

1 — gerbes. . . . . . . 5798.
2 — florins. . . . . . 190112.
3 — francs. . . . .1274216.
4 — toises . . . . .1225328.
5 — sacs. . . . . . . 118502.
6 — jours . . . . .5819525.
7 — quintaux . . . 1772220.
8 — boisseaux . . . .413764.
9 — florins . . . . 9699410.
10 — pièces . . . . .126924.
11 — livres-poids. . . 19057184.
12 — minutes. . . . .305557.

6.e *Tableau*, *f.°* 8.

1 — mètres . . . . . 995584.
2 — livres-poids . . 16214566.
3 — francs . . . . . 230262.
4 — toises. . . . . . 348987.
5 — pièces . . . . . . 11829.
6 — quintaux . . . 18077287.
7 — aunes. . . . . . 1169550.
8 — francs . . . . . . 43161.
9 — pièces de 2 francs . 867390.
10 — florins . . . . . 870795.

7.e *Tableau*, *f.°* 9.

1 — livres-poids. . . 41795.
2 — aunes . . . . . . 435151.
3 — pots. . . . . . 96848166.
4 — livres . . . . . . 114896.
5 — sacs. . . . . . . 447372.
6 — francs . . . . . 426753.
7 — florins. . . . . 6966435.
8 — pièces. . . . . . 436385.

8.e *Tableau*, *f.°* 10.

1 — pièces . . . . . . 297036.
2 — francs. . . . . . 361748.
3 — sacs. . . . . . . 2207770.
4 — francs. . . . . . . 29405.
5 — aunes . . . . . 1167016.
6 — florins . . . . . . 219075.
7 — francs . . . . . . 807026.
8 — pièces . . . . 57138726.

SOUSTRACTION.

1.er *Tableau*, *f.°* 11.

1 — écus. . . . . 13.
2 — aunes . . . . 23.
3 — pièces . . . . 42.
4 — livres-poids . . . . . 44.
5 — semaines. . . . . . . 275.
6 — écus. . . . . 114.
7 — francs . . . . 2386.
8 — florins. . . . . 215.
9 — sacs. . . . . 4400.
10 — quintaux. . . . . . . 530.
11 — livres-poids. . . . . . 24.
12 — ans . . . . 620.
13 — ans . . . . 804.
14 — écus . . . . 3613.
15 — mètres . . . . 6404.
16 — boisseaux . . . . . 4903.
17 — livres. . . . . 322.
18 — francs . . . . 330.
19 — livres-poids . . . . 2444.
20 — francs . . . . . 4652344.
21 — mètres . . . . 11344421.
22 — onces. . . . . 2142.
23 — ames . . . . . . 3709222.

2.e *Tableau*, *f.°* 12.

1 — boisseaux. . . . . . . 26.
2 — livres-poids. . . . . . 19.
3 — francs . . . . 7.
4 — livres-poids. . . . . 336.
5 — francs. . . . . 142.
6 — pièces. . . . . 86.
7 — aunes . . . . 62.
8 — livres-poids . . . . 4475.
9 — écus . . . . 346.
10 — boisseaux . . . . . . 265.
11 — pièces . . . . 35770.
12 — livres-poids . . . . 6055.
13 — francs . . . . . . 86710.
14 — aunes. . . . . . . 163786.

15 — mètres . . . . .25979.
16 — sacs. . . . . . 220745.
17 — écus. . . . . . . 1156.
18 — florins. . . . . 400898.
19 — francs . . . . 55390411.
20 — francs. . . . .9744594.
21 — livres-poids. . . . .258.

22 — pièces . . . . .976074.
23 — boisseaux . 26647912382.
24 — écus. . . . . .93.
25 — livres. . . . .69063754.
26 — aunes. . . . . 3317446.
27 — francs . . . .98750528.
28 — pièces de 5 fr. .48517583.

3.e *Tableau, f.° 13.*

1 — francs. . . . . . 1944.
2 — livres-poids. . . .23664.
3 — livres-poids. . . .48461.
4 — écus. . . . . . 726539.
5 — boisseaux . . 43494899.
6 — journaux de terre 2895189.
7 — francs. . . . .3648276.
8 — florins. . . . . . 1046.

9 — pièces de 5 fr. .348806578.
10 — florins. . . .518371251.
11 — francs. . . . 12271799.
12 — quintaux de sel. . .527.
13 — francs . . . . . . 4393.
14 — pièces. . . .207776700.
15 — florins. . . .678395811.
16 — francs. . . . . . .679.

4.e *Tableau, f.° 14.*

1 — boisseaux . . . . . 232.
2 — francs . . . . . . 376.
3 — livres. . . . . . .2115.
4 — mètres . . . . . .1723.
5 — livres-poids . . . 35383.
6 — florins . . . . . . 765.
7 — pièces . . . . . 42154.
8 — livres-poids . . . 75713.
9 — francs . . . . . .3173.
10 — boisseaux . . . . 13284.
11 — aunes. . . . 444473582.

12 — francs . . .1435191552.
13 — ans. . . . . 139.
14 — onces. . . . .44203451.
15 — livres. . . . . .161331.
16 — francs . . . . 4456834.
17 — hectares . . . . 63301.
18 — quintaux . . 350123343.
19 — naissances. . . 3703704.
20 — livres. . . .4058186031.
21 — livres-poids. . .363171124.

5.e *Tableau, f.° 15.*

1 — florins . . . . 158.
2 — livres. . . . . . .7534.
3 — boisseaux . . . . . 271.
4 — boisseaux . . . . 22334.
5 — boisseaux . . . . 47107.
6 — francs. . . . .82384396.
7 — livres-poids. . .66377546.
8 — pots . . . . 362575229.
9 — florins . . . . 2472638.
10 — aunes. . . . . 2626318.
11 — écus . . . . . .156415.

12 — florins . . . . 3912369.
13 — quintaux . . . .263516.
14 — florins . . . . 5899364.
15 — liv.-poids. . .76632827323.
16 — boisseaux. . .25058725.
17 — florins . . . . .445164.
18 — francs . . . . .400018.
19 — aunes. . . . . .718197.
20 — florins . . . . . 11367.
21 — perches. . 62346420338.
22 — florins. . .1237516235665.

6.e Tableau, f.° 16.

1 — livres-poids . . . . 275.	11 — livres-poids. . . . 1023.
2 — écus . . . . 3019.	12 — francs . . . . . 163222.
3 — livres-poids . . . . 2817.	13 — pièces . . . . . . 10680.
4 — florins . . . . . . 6728.	14 — hommes . . . . 834158.
5 — florins . . . . . . 11334.	15 — aunes . . . . . 5276524.
6 — lieues. . . . . 2241146.	16 — livres . . . . 8319.
7 — livres . . . . . . 86386.	17 — francs . . . . . 1446837.
8 — arbres . . . . . . 2744.	18 — florins. . . . . 9202353.
9 — francs . . . . . . 2275.	19 — francs . . . . 974.
10 — onces. . . . . . 15649.	

7.e Tableau, f.° 17.

1 — livres . . . . 2333.	11 — francs . . . . 6487109.
2 — boisseaux. . . . . 66089.	12 — aunes . . . . 1672.
3 — livres-poids. . . . 30872.	13 — ans. . . . . 159.
4 — pièces . . . . . 433251.	14 — sacs . . . . 11.
5 — francs . . . . . 647864.	15 — florins . . . . . 179664.
6 — boisseaux. . . . 612950.	16 — livres. . . . . . 100316.
7 — aunes . . . . . 260783.	17 — boisseaux . . 18951075.
8 — livres . . . . . . 30480.	18 — aunes. . . . . . 757978.
9 — francs . . . . . . 89405.	19 — onces . . . . . . 818457.
10 — pièces . . . . 1312729.	20 — ans. . . . . 385.

8.e Tableau, f.° 18.

1 — ans. . . . . 286.	9 — aunes . . . . 41261298.
2 — florins . . . . 1782.	10 — boisseaux. . . . 718197.
3 — ans. . . . . 324.	11 — hommes . . . . . 63051.
4 — écus . . . . . 8589643.	12 — boisseaux. . . 41261508.
5 — livres-poids . 32600548.	13 — livres . . . . . . 55747.
6 — francs . . . . 41261508.	14 — florins. . . . . . 118039.
7 — livres. . . . . 41261508.	15 — francs . . . . 349.
8 — sacs . . . . . . 1540433.	16 — pièces . . . . . 2026994.

MULTIPLICATION.

1.er Tableau, f.° 19.

1 — . . . . 1268.	8 — . . . . 95868.
2 — . . . . 1178.	9 — . . . . 3201068.
3 — . . . . 12344.	10 — . . . . 3882915.
4 — . . . . 17952.	11 — . . . . 496070.
5 — . . . . 211863.	12 — . . . . 4045325.
6 — . . . . 280716.	13 — . . . . 105924.
7 — . . . . 3264180.	14 — . . . . 553848.

15 — . . . . 20205294.
16 — . . . . 683578.
17 — . . . . 574756.
18 — . . . . 6872848.
19 — . . . . 7809928.
20 — . . . . 6889428.
21 — . . . . 935073.
22 — . . . . 6078628971.
23 — . . . . 20340.
24 — pièces de 5 francs. . . . 365.
25 — . . . . 6744384.
26 — . . . . 6408990.
27 — florins . . . . . . 20550.
28 — aunes . . . . 2440.
29 — . . . . 48401280.
30 — francs . . . . . . 13270.
31 — . . . . 5614436268.
32 — . . . . . 13561348827600.

2.e *Tableau*, *f.*° 20.

1 — 7524
2 — . . . . 4740.
3 — . . . . 55500.
4 — 86040
5 — . . . . 71352.
6 — . . . . 132572.
7 — 1540965
8 — . . . . 1109552.
9 — . . . . 1676496.
10 — . . . . 5907672.
11 — . . . . 2467512.
12 — . . . . 545472.
13 — . . . . 3412605.
14 — . . . . 10365726.
15 — livres-poids . . . . 4745.
16 — livres-poids. . . 620295.
17 — pièces de 2 sous. 1315972.
18 — heures . . . . . 75888.
19 — . . . . 1692180.
20 — . . . . 1305496.
21 — . . . . 53387620.
22 — . . . . 21805749.
23 — . . . . 12881688.
24 — florins . . . . . . 4116.
25 — . . . . 4938696.
26 — . . . . 26535924.
27 — . . . . 56369475.
28 — . . . . 66957995.
29 — . . . . 57615485.
30 — décalitres. . . . 35664.

3.e *Tableau*, *f.*° 21.

1 — . . . . 823812.
2 — . . . . 2722464.
3 — . . . . 38118366.
4 — . . . . 5693568.
5 — . . . . 12624282.
6 — . . . . 182739984.
7 — . . . . 517464402.
8 — . . . . 330480864.
9 — . . . . 261347912.
10 — jours. . . . . 2112620.
11 — aunes. . . . . . 99828.
12 — francs . . . . . 426880.
13 — . . . . 248869052.
14 — . . . . 163155430.
15 — . . . . 205875776.
16 — . . . . 1735557072.
17 — . . . . 2719132366.
18 — . . . . 6066046125.
19 — . . . . 2186343234.
20 — . . . . . . 115290728320.
21 — . . . . 5180485208.
22 — . . . . . . 193093054317.
23 — . . . . . 2003195247144.
24 — . . . . . . 240936143868.
25 — . . . 159428891841516.
26 — . . . 1236757753799674.

4.e *Tableau*, *f.*° 22.

1 — . . . . 52860.
2 — . . . . 229620.
3 — . . . . 4938250.
4 — . . . . 65556470.
5 — . . . . 3744960.
6 — . . . . 7139160.
7 — . . . . 24168900.
8 — . . . . 6652800.

9 — … 20352000.
10 — … 201020000.
11 — … 11880000.
12 — … 605160000.
13 — … 7448000.
14 — … 2398550000.
15 — … 5923400000.
16 — … 55272000000.
17 — … 7504000000.
18 — … 1812282000
19 — … 59595520000.
20 — … 142546370000.
21 — pavés … 1385976.
22 — harengs … 156000000.
23 — … 66240000.
24 — … 3179581600.
25 — grains … 58500.

5.e *Tableau*, *f.*[o] 23.

1 — … 1397298.
2 — … 6758568.
3 — … 79494015.
4 — … 19573828.
5 — … 11623970910.
6 — … 584819916.
7 — … 2591308114.
8 — … 43106477506.
9 — … 312920192656.
10 — … 104651462008.
11 — … 1673705126332.
12 — … 6885954350940 56.
13 — … 193072821048g.
14 — … 600185231 5563.
15 { naissances … 50161222155.
15 { décès … 4240553839 5.
16 — … 2610697063792.
17 — … 2593349756024.
18 — … 2716966743 92.
19 — … 1912879364.
20 — … 4693805880 6.
21 — … 3954996505838.
22 — … 47314879073.

6.e *Tableau*, *f.*[o] 24.

1 — … 206761222.
2 — … 424071590.
3 — { poignées … 12480.
3 — { pas … 24960.
4 — … 37556631.
5 — … 588122280.
6 — … 452677500.
7 — … 571068900.
8 — … 100123776.
9 — … 229498651 8.
10 — … 7562410.
11 — … 92152400.
12 — … 56324210000.
13 — onces … 9600·.
14 — pots … 112000.
15 — … 661167845.
16 — … 1755000000 0.
17 — … 5638155 2000.
18 — … 1652112.
19 — … 1034140000.
20 — { Berlin … 5475; Amsterdam … 10950; Vienne … 11680; Hambourg … 4015; Paris … 20075.; Londres … 20805. } naissances.

7.[e] *Tableau*, *f.*[o] 25.

1 — … 29691385800.
2 — … 2771400000.
3 — … 28820350.
4 — … 7462110000000.
5 — … 264942490.
6 — … 514765632.
7 — … 1053247862.
8 — { chien … 113760; grenouille, 97920; cheval … 54720 } pulsations.

9 — ....414729.
10 — ....395260640.
11 — ....4610464.
12 — ....271380.
13 — ....16884060.
14 — livres-poids........3000.
15 — francs............10906.
16 — ....40579668000.
17 — ....7801629200.
18 — écus..............2422.
19 — ....3967739.

8.e *Tableau*, *f.o* 26.

1 — centimes..........3360.
2 — ....9564340400.
3 — .....358246532790720O.
4 — ....12812904.
5 — ....3984588.
6 — ....2650980.
7 — ....45792.
8 — ....250152300000.
9 — ....420300066.
10 — ....1956078922.
11 — ....4391316.
12 — onces..........1600000.
13 — ....3637285864.
14 — ....49636635037 6.
15 — ....2754617106240.
16 — ....18720788488.
17 — ....5868172800000O.
18 — ....401104204416OO.
19 — ....4809498090.
20 — centimes........272000.

DIVISION.

1.er *Tableau*, *f.o* 27.

1 — poires...............21.
2 — aunes...............23.
3 — ....123.
4 — ....212.
5 — ....132.
6 — ....402.
7 — ....268.
8 — ....2031.
9 — pintes.............163.
10 — francs.............683.
11 — ....2514.
12 — ....5021.
reste.......1.
13 — ....1804.
14 — ....5804.
reste......3.
15 — florins...............71.
reste......4.
16 — aunes.............73.
17 — ....16250.
reste.....3.
18 — ....17527.
reste......1.
19 — ....2705.
20 — ....19566.
reste......4.
21 — {viande...........324.
suif..............46.}
22 — ....7899.
reste......3.
23 — ....43034.
24 — semaines..........302.
25 — ....299.
26 — ....40150.
reste......6.
27 — écus...............63.
28 — ....5816.
reste......2.
29 — ....22013.
30 — poires.............154.
reste......6.

2.e *Tableau*, *f.*° 28.

1 — .... 11.
2 — .... 149.
3 — liards .... 237.
4 — .... 545.
reste...... 2.
5 — .... 383.
reste...... 8.
6 — .... 139.
reste...... 7.
7 — .... 1841.
reste...... 8.
8 — florins .... 747.
reste...... 9.
9 — .... 175.
reste...... 9.
10 — .... 1123.
reste..... 12.
11 — écus .... 42.
reste, pièces de 2 sous... 3.
12 — jours .... 320.
13 — .... 1538.
reste..... 12.
14 — .... 434.
reste..... 12.
15 — .... 2209.
16 — .... 1943.
reste..... 25.
17 — sacs .... 15.
18 — .... 2391.
19 — .... 333.
reste..... 24.
20 — .... 1951.
reste...... 6.
21 — .... 381.
reste...... 9.
22 — .... 589.
reste..... 40.
23 — .... 1641.
reste..... 49.
24 — francs .... 111.
reste, francs...... 9.
25 — .... 446.
26 — .... 1254.
reste..... 49.
27 — .... 87.
reste..... 59.
28 — .... 223.
reste..... 52.
29 — sacs .... 11.
reste..... 23.

3.e *Tableau*, *f.*° 29.

1 — .... 190.
reste... 86.
2 — .... 393.
reste.... 187.
3 — francs .... 11.
4 — soldats .... 2752.
reste, francs..... 45.
5 — .... 45.
reste.... 303.
6 — .... 203.
reste.... 126.
7 — .... 3162.
reste.... 90.
8 — .... 20577.
reste.... 111.
9 — ans .... 128.
10 — .... 367.
reste.... 140.
11 — .... 54.
reste.... 176.
12 — .... 447.
reste.... 141.
13 — .... 660.
reste.... 762.
14 — .... 51.
reste... 1327.
15 — .... 540.
reste..... 66.
16 — hectares .... 32.
reste, francs...... 626.
17 — .... 90.
reste... 1942.
18 — .... 42.
reste.... 648.
19 — .... 110.
reste... 5723.

20 — .... 48.
reste....798.
21 — hectares........... 180.
reste, pieds de vigne..226.
22 — .... 299.
reste...9578.
23 — .... 30.
reste..29815.
24 — .... 112.
reste..37410.
25 — .... 74.
reste..50090.

4.ᵉ Tableau, f.° 30.

1 — .... 19.
reste......4.
2 — .... 42.
reste......9.
3 — .... 91.
reste......4.
4 — .... 70.
reste.....34.
5 — .... 535.
reste.....33.
6 — .... 410.
reste.....35.
7 — .... 3423.
reste.....12.
8 — .... 864.
reste.....43.
9 .... 166.
reste...3164.
10 — .... 24.
reste...2219.
11 — .... 59.
reste...2824.
12 — .... 49.
reste..41421.
13 — .... 4803820.
reste...5812.
14 — .... 3018.
reste...8321.
15 — .... 39.
reste.124286.
16 — aunes.............. 60.
17 — quintaux........... 88.
18 — .... 262.
19 — .... 3.
reste....363.
20 — .... 73.
reste....220.
21 — douzaines......... 6333.
reste, œufs..4.
22 — .... 1.
reste.10800.
23 — .... 29.
reste...1700.
24 — .... 77.
reste..20954.

5.ᵉ Tableau, f.° 31.

1 — écus .... 41.
2 — .... 222.
reste....288.
3 — .... 1512.
reste...2480.
4 — .... 300.
reste.....12.
5 — livres-poids......... 40.
reste, livre......1.
6 — .... 5448.
reste....600.
7 — .... 15336.
reste...1804.
8 — .... 219.
reste....183.
9 — francs.............. 16.
reste, francs..2.
10 — naissances .... 3392.
reste......6.
11 — recettes, francs...3797.
reste, francs..2.
dépenses, francs..3281.
reste, francs..2.

6.e Tableau, f.° 32.

1 — ....1781.
reste........28.
2 — ....715.
reste.........4.
3 — ....1511.
reste.......175.
4 — ....234.
reste........95.
5 — ....44.
reste.......500.
6 — ....124.
reste.......270.
7 — ....la sixième partie.
8 — ....188.
reste.......238.
9 — sacs.................42.
reste, sacs..270.
10 — mesures...............16.
reste, litres...34.
11 — ....938.
reste........88.
12 — francs..............298.
reste, francs...2.
13 — ....75.
reste.......360.
14 — individus..........2730.
reste.......110.
15 — ....350.
reste........10.
16 — livres-poids.........4802.
reste, onces...2.
17 — francs.............1382.
reste, sous....14.
18 — louis.............1381.
reste, francs..14.
19 — ....121.
reste.....2509.
20 — francs..............12.

7.^e Tableau, f.° 33.

1 — ....176.
reste..........272.
2 — livres-poids........4452.
reste, gros.......20.
3 — ....825.
reste..........646.
4 — ....76.
reste............3.
5 — ans ....76.
reste, jours....214.
6 — ....33.
reste.........7085.
7 — francs............28996.
8 — ....5039.
reste........22973.
9 — ....11685.
reste.........5355.
10 — 3 ans 10 mois 7 h. 14 min.
11 — livres-poids..........851.
reste, onces.....13.
12 — ....835.
reste.........2690.
13 — pièces de 15 sous...3685.
reste, centimes..64.
14 — boisseaux..........224.
reste............1.
15 — ....721.
reste........36956.
16 — ....2198.
reste.........3030.
17 — ....1563.
18 — ans.................68.
reste, ans........3.

8.e Tableau, f.° 34.

1 — francs.............486.
2 — ....329.
reste.........128.
3 — ....3427.
reste..........68.
4 — ....1297.
reste.........384.
5 — francs............3710.
reste, francs.....4.
6 — francs...........15326.

7 — ....27099.
reste...........15.

8 — ....3663g.
reste.........2430.

9 — francs............1650.

DÉCIMALES.

1.er *Tableau*, *f.*° 35.

unités ou entiers. millièmes.
1 — 44 , 444

unités. dix-millièmes.
2 — 7 , 7777

unités. cent-millièmes.
3 — 5 , 76968

unités ou entiers. dix-millièmes.
4 — 44 , 7007

unité. millièmes.
5 — 0 , 609

unités. cent-millionièmes.
6 — 8888888,88888888

2.e *Tableau*, *f.*° 36.

entiers.
1 — 5 , 5 dixièmes.
2 — 5 , 50 centièmes.
3 — 5 , 05 centièmes.
4 — 7 , 6 dixièmes.
5 — 7 , 009 millièmes.
6 — 7 , 0009 dix-millièmes.
7 — 6 , 909 millièmes.
8 — 6 , 70135 cent-millièmes.
9 — 6 , 700 millièmes.
10 — 6 , 070 millièmes.
11 — 6 , 007 millièmes.
12 — 9 , 605 millièmes.
13 — 9 , 6005 dix-millièmes.
14 — 7 , 07601 cent-millièmes.

entiers.
15— 6 , 666 millièmes.
16—56 , 0606 dix-millièmes.
17—48 , 91016 cent-millièmes.
18—70 , 07 centièmes.
19— 0 , 007 millièmes.
20— 0 , 0707 dix-millièmes.
21— 0 , 96543 cent-millièmes.
22— 0 , 010167 millionièmes.
23— 0 , 926005 millionièmes.
24— 0 , 900 millièmes.
25— 0 , 9006 dix-millièmes.
26— 1 , 670301 millionièmes.
27— 0 , 7201001 dix-million.
28— 0 , 001002003 billionièm.

3.e *Tableau*, *f.*° 37.

entiers.
1 — ....4 , 4.
2 — ....4 , 04.
3 — ....0 , 4.
4 — ....0 , 04.
5 — ....0 , 40.
6 — ....0 , 7.
7 — ....0 , 07.
8 — ....0 , 017.
9 — ....0 , 0007.
10 — ....0 , 75.
11 — ....0 , 125.

entiers.
12 — ....0 , 025.
13 — ....0 , 0704.
14 — ....30 , 3.
15 — ....7 , 032.
16 — ....9 , 207.
17 — ....9 , 00207.
18 — ....0 , 0000207.
19 — ....0 , 03007.
20 — ....0 , 0101.
21 — ....0 , 0087.
22 — ....0 , 07019.

	entiers.
23 —	..........0 , 023.
24 —	..........0 , 203.
25 —	..........0 , 02003.
26 —	..........0 , 0020003.
27 —	..........0 , 006209.
28 —	..........0 , 00010001.
29 —	..........0 , 0011.

4.e *Tableau*, *f.*° 38.

entiers
ou unités.

1— 6019,601 millièmes.
2—70039,0309 dix-millièmes.
3— 569,607002 millionièmes.
4— 8700,9080 dix-millièmes.
5— 706,00109 cent-millièmes.
6— 6523,0101035 dix-million.
7— 5001,005001 millionièmes.
8— 690,10017 cent-millièmes.
9— 0,6100016 dix-million.
10— 7,500007 millionièmes.
11— 67,5700 dix-millièmes.
12— 0,770015 millionièmes.

13 — ....709 , 203.
14 — ....7009 , 0203.
15 — ....7 , 02017.
16 — ....0 , 003001.
17 — ......200019 , 02107.
18 — ....40030 , 7009.
19 — ....0 , 101.
20 — ....0 , 010005.
21 — ......100702 , 0100702.

5.e *Tableau*, *f.*° 39.

entiers.

1—6501,7060101 dix-million.
2— 700,005001 millionièmes.
3—1001,0705630 dix-million.
4— 79,00900 cent-millièmes ou 9 millièmes.
5— 6,007103 millionièmes.
6— 0,7010005 dix-million.

entiers.

7 — ......7000019 , 601027.
8 — ....101009 , 0018.
9 — ....0 , 87013.
10 — ....105200 , 00102.

11 — *Déplacement de la virgule.*
6010,0100506 dix-million.
601,00100506 cent-million.
60,100100506 billionièmes.
60100,100506 millionièmes.
601001,00506 cent-millièm.
6010010,0506 dix-millièmes.
60100100,506 millièmes.
601001005,06 centièmes.

12 .. 5,7 = 5,70 = 5,700 = 5,7000 = 5 , 70000 = 5 , 700000 ; ou bien 5, sept dixièmes = 5 , sept dixièmes et 0 centième = 5 , soixante - dix centièmes , etc.

NOUVELLES UNITÉS USUELLES.

6.e *Tableau*, *f.*° 40.

Unités monétaires.

1 — francs........4 , 444.
2 — .... 59 , 324.
3 — ....7 , 86.
4 — .... 0 , 075.
5 — .... 39 , 72.
6 — .... 7 , 84.
7 — .... 0 , 6.
8 — .... 0 , 604.

Mesures linéaires.

1 — mètre, décimètre, centimètre, millimètre.
2 — mètres. . 34564 , 356.
3 — .... 64 , 24.
4 — .... 504 , 045.
5 — .... 0 , 84.
6 — .... 45787 , 273.
7 — .... 57 , 613.
8 — .... 569 , 07.
9 — .... 0 , 619.
10 — .... 4501 , 763.
11 — .... 0 , 075.
12 — .... 0 , 008.

7.e *Tableau*, *f.*° 41.

Mesures de surfaces.

1 —
2 —
3 — } are et ses subdivisions, ainsi que ses multiples.

4 — ares....... 5730 , 29.
5 — .... 3718 , 29.
6 — .... 19 , 48.
7 — .... 73480 , 09.
8 — .... 80900 , 07.
9 — .... 49001 , 70.
10 — .... 765021 , 6.
11 — .... 237617 , 6.
12 — .... 100101 , 7.

Poids.

1 —
2 — } le gramme et ses multiples, ou sous-multiples.

3 — grammes .... 83 , 118.
4 — .... 2437 , 252.
5 — .... 1 , 82.
6 — .... 0 , 25.
7 — .... 0 , 025.
8 — .... 6003 , 007.
9 — .... 50001 , 06.
10 — .... 834 , 071.
11 — .... 496 , 607.
12 — .... 59 , 64.

8.e *Tableau*, *f.*° 42.

Mesures de liquides.

1 —
2 — } litre, décilitre, etc.; décalitre, hectolitre, etc.

3 — litres........ 29 , 47.
4 — .... 1 , 8.
5 — litres ....236 , 357.
6 — .... 17 , 09.
7 — .... 8 , 84.
8 — .... 0 , 009.
9 — 107 litres 63 centilitres.
10 — 35 millilitres.
11 — 7832 litres 69 centilitres.

12 — 96 litres 6 centilitres.	4 — stères.......5229 , 8.
13 — 761 litres 87 centilitres.	5 — .... 86 , 24.
14 — 10010 litres 87 millilitres.	6 — .... 6954 , 9.
Mesures de solides.	7 — .... 7015 , 02.
	8 — 5017 stères 63 centistères.
1 — stère, décistère, etc.;	9 — 24817 stères 9 décistères.
2 — décastère, etc., non	10 — 6010 stères 8 décistères.
3 — usités.	11 — 16709 stères 88 centistères.

ADDITION.

9.ᵉ *Tableau, f.° 43.*

1 — .... 48 , 5563.	8 — .... 6027 , 65321.
2 — .... 333 , 229.	9 — francs.... 192 , 87.
3 — francs....... 35 , 66.	10 — .... 85 , 348.
4 — mètres..... 151 , 46.	11 — .... 76 , 3712.
5 — francs...... 288 , 94.	12 — grammes... 64 , 382.
6 — francs...... 743 , 857.	13 — litres...... 93 , 341.
7 — mètres...... 35 , 554.	14 — grammes... 62 , 498.

10.ᵉ *Tableau, f.° 44.*

1 — .... 303 , 6516.	7 — francs.... 87 , 49.
2 — .... 7243 , 98582.	8 — .... 4822 , 670727.
3 — .... 7713 , 53877.	9 — .... 655 , 6918.
4 — .... 872 , 5395.	10 — litres.... 319 , 179.
5 — francs.... 456 , 16.	11 — .... 6638 , 713474.
6 — .... 99478 , 887896.	12 — ares.... 8282 , 95.

11.ᵉ *Tableau, f.° 45.*

1 — grammes . 52161 , 775.	6 — mètres..... 51493.
2 — litres...... 68507 , 11.	7 — litres........ 840 , 366.
3 — francs.... 252903 , 42.	8 — francs....... 211 , 01.
4 — mètres.......449 , 949.	9 — mètres.... 68074 , 183.
5 — stères.......9203 , 92.	

SOUSTRACTION.

12.ᵉ *Tableau, f.° 46.*

1 — .... 2 , 1.	3 — .... 98 , 241.
2 — .... 14 , 983.	4 — .... 8493 , 8858.

5 — francs........ 0,70.
6 — grammes..... 15,759.
7 — hectolitres.... 2,036.
8 — .... 9,8833.
9 — grammes ..... 6,525.
10 — mètres .... 8781,75.
11 — mètres .... 0,411.
12 — grammes ... 358,976.
13 — ares....... 2919,70.

13.e *Tableau*, *f.*° 47.

1 — .... 56,23.
2 — .... 211,87.
3 — .... 18,4193.
4 — .... 120,7608.
5 — francs......... 4,982.
6 — mètres....... 77,561.
7 — litres......... 33,261.
8 — kilogrammes.... 4,64.
9 — stères .... 69,289.
10 — francs....... 36,58.
11 — mètres...... 118,6.
12 — litres....... 854,63.
13 — grammes.... 829,883.
14 — stères ..... 5627,3.
15 — francs...... 374,887.

14.e *Tableau*, *f.*° 48.

1 — .... 2,03.
2 — .... 2,713.
3 — .... 6,47.
4 — .... 622,33.
5 — .... 523,183.
6 — .... 17,3394.
7 — .... 52,0666.
8 — francs......... 6,11.
9 — .... 9,8134.
10 — stères .... 27,5.
11 — mètres .... 3,9.
12 — francs .... 46,81.
13 — francs........ 67,68.
14 — grammes... 48000,81.
15 — grammes.... 2592,774.
16 — litres......... 44,6779.

ADDITION ET SOUSTRACTION.

15.e *Tableau*, *f.*° 49.

1 — francs ...... 1064,46.
2 — litres...... 37021,55.
3 — francs....... 1176,61.
4 — stères....... 2032.
5 — ares........ 2965,30.
6 — { 1.° mètres... 723,26. / 2.° francs.... 296,17. }
7 — grammes..... 2417,45.
8 — grammes....... 54,815.

MULTIPLICATION.

16.e *Tableau*, *f.*° 50.

1 — { 1.° .... 44,444. / 2.° .... 444,44. / 3.° .... 4444,4. / 4.° .... 44444. / 5.° .... 444440. }
2 — .... 39,2.
3 — .... 1022,49.
4 — .... 7024,68.
5 — .... 608783,80384.
6 — .... 653637,873.
7 — .... 378,4.
8 — .... 4222,44.
9 — .... 76653,28.
10 — .... 451,26.

11 — ....17380, 272.
12 — ....122, 82.
13 — francs......644, 255.
14 — .... 223, 49058.
15 — .... 14721, 026583.

16 — francs......... 65, 25.
17 — francs......... 67, 50.
18 — francs........ 442, 50.
19 — mètres....... 323.
20 — francs.......... 6, 50.

17.e *Tableau*, *f.*° 51.

1 — { 1.°..............77. 2.°..............770. 3.°..............7700. 4.°..............77000. 5.°..............770000. }
2 — ....58, 38.
3 — ....1779, 3.
4 — ....43, 428.
5 — ....243, 726.
6 — ....2942, 5556.
7 — ....31989, 787068.
8 — ....37500, 0686.

9 — ....39214, 71043.
10 — .... 5427, 6608696.
11 — ....8655, 527564.
12 — francs.... 292, 50.
13 — francs..... 12.
14 — francs..... 31, 35.
15 — mètres.... 119, 7.
16 — mètres .... 23, 7175.
17 — francs.... 495, 2508.
18 — francs..... 17, 86.
19 — francs .... 141, 3655.
20 — francs.. 14955, 676505.

18.e *Tableau*, *f.*° 52.

1 — { 1.°....1308, 026. 2.°....2616, 052. 3.°...32700, 65. 4.°...39240, 78. }
2 — ....35, 8112.
3 — ....37, 337456.
4 — ....0, 0008106.
5 — ....0, 3243621.

6 — francs.......... 9, 60.
7 — francs....... 2448, 56.
8 — grammes..... 2208, 648.
9 — francs.......... 1, 275.
10 — francs....... 6224, 40.
11 — francs........ 960, 81.
12 — francs...... 74430, 27.

19.e *Tableau*, *f.*° 53.

1 — francs....... 354, 95.
2 — francs........ 47, 94.
3 — francs....... 347, 36.
4 — francs...... 1423, 555.
5 — francs...... 2836, 165.
6 — franc.......... 0, 342.
7 — franc.......... 0, 257.

8 — francs........ 135, 93.
9 — francs.......... 3, 72.
10 — francs......... 30, 21.
11 — francs.......... 7, 295.
12 — franc........... 0, 038.
13 — francs.......... 8, 96.

DIVISION.

20.e *Tableau*, *f.*° 54.

1 — ....6, 15.
2 — ....19, 8.
3 — ....3, 186.
4 — ....54, 565.
5 — ....13, 47.

6 — ....1, 1159.
7 — ....0, 087.
8 — ....0, 628.
9 — ....0, 514.
10 — francs..... 6908, 715.

11 — kilogramme.... 1 , 762.
12 — .... 0 , 03.
13 — .... 0 , 913.
14 — mètres .... 7 , 127.
15 — .... 0 , 013.
16 — francs......... 4 , 57.
17 — ares .... 747 , 45.
18 — litres........ 972 , 96.

21.e *Tableau*, *f.*° 55.

1 — ....8 , 5.
2 — ....7 , 93.
3 — ....85 , 17.
4 — ....110 , 838.
5 — ....6 , 64.
6 — ....11 , 016.
7 — ....1 , 37.
8 — ....2 , 183.
9 — francs......... 6 , 50.
10 — mètres....... 29 , 7.
11 — .... 7 , 469.
12 — francs......... 8 , 98.
13 — francs......... 8 , 197.
14 — francs........ 14 , 02.
15 — francs........ 31 , 25.
16 — franc.......... 0 , 865.

22.e *Tableau*, *f.*° 56.

1 — francs........ 3 , 56.
2 — ....17 , 86.
3 — ....5 , 809.
4 — kilogramm. . 12 , 84166.
5 — ....0 , 2105.
6 — franc....... 0 , 032.
7 — franc....... 0 , 06.
8 — francs...... 12 , 33.
9 — francs .... 21 , 53.
10 — mètres....... 40.
11 — francs...... 520 , 27.
12 — franc.......... 0 , 20.
13 — stères........ 91 , 43.
14 — francs........ 19 , 49.
15 — .... 0 , 241.
16 — .... 17 , 433.

23.e *Tableau*, *f.*° 57.

1 — francs......... 44 , 90.
2 — franc......... 1 , 745.
3 — gramme........ 0 , 62.
4 — franc.......... 1 , 24.
5 — { 1.° pour 1 mois (kilogr.) 136. ; 2.° pour 1 jour.. (kilog.) 4 , 533.
6 — { 1.° par jour... (litres.) 23 , 15. ; 2.° par jour pour. (francs.) 5 , 614.
7 — franc......... 0 , 106.
8 — francs........ 3 , 726.
9 — franc........ 0 , 1765.
10 — franc......... 0 , 29.
11 — { 1.° francs. 7948 , 408. ; 2.° hectares.. 4 , 807.
12 — hectares.....667 , 29.

24.e *Tableau*, *f.*° 58.

1 — francs........ 83 , 33.
2 — franc.......... 0 , 046.
3 — franc.......... 0 , 43.
4 — francs........ 16 , 71.
5 — franc.......... 1 , 87.
6 — francs......... 3 , 02.
7 — franc.......... 0 , 625.
8 — litres......... 5 , 117.
9 — kilogramme.... 0 , 125.
10 — mètres....... 16.

11 — francs......... 5.
12 — francs........ 18 , 35.
13 — franc......... 0 , 214.
14 — mètre......... 0 , 25.

15 — franc.......... 0 , 085.
16 — franc.......... 0 , 758.
17 — francs......... 2 , 457.
18 — franc.......... 0 , 338.

MULTIPLICATION ET DIVISION.

25.e *Tableau*, *f.*° 59.

1 — francs....... 2960 , 72.
2 — francs......... 23 , 24.
3 — francs....... 1062 , 90.

4 — francs..... 3437 , 94.
5 — franc.......... 0 , 04.
ou plus exactement 0 , 0397.

Notions préliminaires sur la règle de trois ou de proportion.

1.er *Tableau*, *f.*° 60.

1 — ..... 8 est à 4 = $8/4$
2 — ..... 4 est à 8 = $4/8$
3 — .... 16 est à 4 = $16/4$
4 — .... 4 est à 16 = $4/16$
5 — ... 1 est à 0,5 = $1/0,5$
6 — ... 0,5 est à 1 = $0,5/1$
7 — ... 14 est à 2 = $14/2$
8 — ... 2 est à 14 = $2/14$
9 — ... 15 est à 3 = $15/3$
10 — ... 3 est à 15 = $3/15$

11 — ....2.
12 — .... $4/8$ = 0,5.
13 — ....4.
14 — .... $4/16$ = 0,25.
15 — ....2.
16 — .... $0,5/1$ = 0,5.
17 — ....7.
18 — .... $2/14$ = 0,142.
19 — ....3.
20 — .... $5/15$ = 0,333.

2.e *Tableau*, *f.*° 61.

1 — $8/4$ = $12/6$ ou 8 est à 4 comme 12 est à 6. $5/10$ = $3/6$ ou 5 est à 10 comme 3 est à 6.
2 — $9/3$ = $15/5$ ou 9 est à 3 comme 15 est à 5.
3 — $5/15$ = $4/12$ ou 5 est à 15 comme 4 est à 12.
4 — $4/0,5$ = $8/1$ ou 4 est à 0,5 comme 8 est à 1.
5 — $12/7$ = $96/56$ ou 12 est à 7 comme 96 est à 56.
6 — $4/2$ = $6/3$ ou 4 est à 2 comme 6 est à 3.

7 et 8 — Principes fondamentaux.
9 — 4 : 2 :: 6 : 3 donne $4 \times 3 = 2 \times 6$.
10 — 9 : 3 :: 15 : 5 donne $9 \times 5 = 15 \times 3$.
11 — .... $x = 5$.
12 — .... $x = 8$.
13 — .... $x = 6$.
14 — .... $x = 12$.
15 — .... $x = 9$.
16 — francs .... 70.
17 — mètres .....12 , 85.
18 — chapeaux .... 4.
19 — hectolitres ... 6 , 66.

RÈGLE DE TROIS.

3.e *Tableau, f.° 62.*

1 — francs........ 20.
2 — franc......... 1 , 67.
3 — francs........ 19 , 28.
4 — franc......... 1 , 857.
5 — francs........ 16 , 80.
6 — francs....... 108.
7 — francs........ 24 , 92.
8 — francs....... 340 , 23.
9 — francs........ 23 , 026.
10 — francs........ 206 , 96.
11 — francs........ 413 , 44.
12 — francs......... 40 , 38.
13 — francs......... 29 , 23.
14 — francs........ 137 , 30.
15 — francs........ 269 , 82.
16 — francs........ 265 , 83.
17 — mètres......... 3 , 96.
18 — francs........ 600 , 67.

4.e *Tableau, f.° 63.*

1 — franc......... 1 , 16.
2 — francs......... 4 , 50.
3 — francs......... 2 , 117.
4 — francs.........30.
5 — francs..........9 , 23.
6 — francs..........6 , 71.
7 — francs..........6 , 148.
8 — hectolitres.... 11 , 4.
9 — mètre.......... 1 , 87.
10 — francs......... 86 , 62.
11 — francs......... 12 , 6.
12 — francs......... 24 , 13.
13 — francs.......... 8 , 39.
14 — francs......... 18 , 91.
15 — francs......... 61 , 71.
16 — francs....... 423 , 76.

5.e *Tableau, f.° 64.*

1 — francs........ 73 , 80.
2 — francs.........67 , 06.
3 — francs..........2 , 93.
4 — francs........74 , 25.
5 — franc..........0 , 29.
6 — francs......... 3 , 90.
7 — hectogr...... 24 , 498.
8 — francs........117.
9 — franc..........0 , 108.
10 — mètres......... 5 , 62.
11 — francs .... 14 , 81.
12 — litres.........565 , 14.
13 — francs....... 110 , 41.
14 — kilogrammes... 12 , 56.
15 — francs......... 19 , 97.
16 — franc.......... 0 , 44.
17 — francs..........76 , 18.
18 — francs......... 89 , 57.

6.e *Tableau, f.° 65.*

1 — francs........ 21 , 04.
2 — hectolitres.... 16 , 67.
3 — mètres....... 59 , 32.
4 — kilogr....... 211 , 594.
5 — francs........ 19 , 19.
6 — francs....... 322 , 25.
7 — mètres ... ... 41 , 31.
8 — kilogr.......8244 , 096.
9 — francs....... 39 , 75.
10 — myriam..... 146 , 6667.
11 — francs....... 56 , 73.
12 — hectares...... 8 , 18.
13 — kilogram... 7768 , 86.
14 — francs....... 21 , 15.
15 — francs...... 101 , 44.
16 — francs p. o/o.. 22 , 88.

7.e Tableau, f.° 66.

1 — stères........ 12 , 347.
2 — kilogram..... 163 , 38.
3 — francs....... 139 , 31.
4 — francs p. o/o... 11 , 23.
5 — kilogram.... 4454 , 392.
6 — francs........ 14 , 65.
7 — hectares....... 4 , 53.
8 — { 1.° francs... 977 , 03.
2.°.......... 857 , 77. }
9 — mètres........ 77 , 5.
10 — kilogram...... 29 , 04.
11 — kilogr..... 2006 , 234.
12 — francs....... 131 , 81.
13 — francs....... 385 , 54.

RÈGLE DE TROIS INVERSE.

8.e Tableau, f.° 67.

1 — francs..........79 , 28.
2 — francs...... 21812.
3 — mètres......... 10 , 93.
4 — kilogr.......... 3 , 75.
5 — myriamètres... 22 , 4.
6 — mètres........ 30 , 6.
7 — jours.......... 5.
8 — jours.......... 10.
9 — mètres......... 2 , 19.
10 — mètres........ 22 , 57.

9.e Tableau, f.° 68.

1 — jours.......... 10.
2 — pièces de 5 fr.. 290.
3 — heures......... 7 , 5.
4 — mètres........ 56 , 67.
5 — pieds-de-roi... 444 , 61.
6 — francs........ 129 , 23.
7 — myriagr........ 51 , 85.
8 — mètres........ 41 , 15.
9 — hectolitres..... 66 , 31.

10.e Tableau, f.° 69.

1 — jours.......... 10 , 5.
2 — mètres........ 33 , 85.
3 — francs....... 1428 , 57.
4 — hectolitres...... 3 , 82.
5 — mètres........ 29 , 52.
6 — ration.......... 0 , 71.
7 — kilogram....... 58 , 8.
8 — francs.......... 2 , 04.

11.e Tableau, f.° 70.

1 — myriagr...... 18 , 137.
2 — jours......... 11 , 2.
3 — jours......... 40.
4 — francs......... 3 , 40.
5 — francs......... 11 , 43.
6 — francs......... 51 , 33.
7 — stères......... 24 , 99.
8 — mètres....... 222 , 15.

RÈGLE DE TROIS COMPOSÉE.

12.e Tableau, f.° 71.

1 — francs....... 116.
2 — francs........120 , 80.
3 — kilogr.........36 , 667.
4 — mètres.........9 , 19.
5 — mètres...... 10 , 10.
6 — francs....... 44 , 19.
7 — francs....... 1384 , 10.
8 — francs.........303 , 79.
9 — francs....... 288.
10 — hectolitres..... 23 , 58.
11 — francs........ 210 , 45.

13.e *Tableau, f.° 72.*

1 — pipes....... 57375.
2 — ares........... 6 , 42.
3 — mètres....... 315 , 56.
4 — francs......... 92 , 83.
5 — jours.......... 12.
6 — francs........ 16 , 69.
7 — mètres...... 172 , 62.
8 — francs....... 514 , 23.
9 — mètre......... 0 , 818.
10 — jours......... 7 , 6.

14.e *Tableau, f.° 73.*

1 — francs....... 164 , 63.
2 — kilogr....... 170 , 683.
3 — jours.......... 2 , 057.
4 — ouvriers...... 27.
5 — stères........ 94 , 65.
6 — kilogram....... 56 , 83.
7 — mètres........ 64 , 8.
8 — hectares........ 6 , 98.
9 — jours.......... 14 , 4.

15.e *Tableau, f.° 74.*

1 — hectares....... 17 , 14.
2 — jours.......... 7.
3 — ouvriers........ 3.
4 — mètres....... 111 , 11.
5 — mètres......... 2 , 30.
6 — jours.......... 6.
7 — mètres........ 3 , 34.
8 — hectolit...... 14 , 06.
9 — myriam....... 83 , 331.

16.e *Tableau, f.° 75.*

1 — kilogram...... 32 , 048.
2 — mètres....... 46 , 29.
3 — mètres....... 56 , 97.
4 — jours.......... 8.
5 — hommes....... 36.
6 — mètres....... 217 , 8.
7 — mètres........ 67 , 98.
8 — hectogram. .. ...5 , 71.

RÈGLE D'INTÉRÊTS.

17.e *Tableau, f.° 76.*

1 — francs........ 120.
2 — francs.........255 , 60.
3 — francs.........415 , 27.
4 — francs......... 70.
5 — francs p. o/o..... 8.
6 — francs......... 62 , 10.
7 — francs..... 68600.
8 — francs p. o/o ... 7 , 50.
9 — francs.........82 , 08.
10 — francs.......7596 , 875.
11 — francs p. o/o... 13 , 77.
12 — francs...... 3360.

18.e *Tableau, f.° 77.*

1 — francs........ 816 , 20.
2 — francs........ 139 , 20.
3 — francs...... 24150.
4 — francs..... 316900.
5 — francs....... 6545.
6 — francs p. o/o..... 5 , 83.
7 — { intérêts.... fr. 845 , 96. / capital... fr. 4834 , 04.
8 — francs......... 398 , 46.
9 — francs........ 2461 , 92.

RÈGLE DE SOCIÉTÉ.

19.e *Tableau*, *f.*° 78.

1 — francs.
le 1.er ...... 108 , 99.
le 2.e .... 170 , 19.
le 3.e .... 120 , 81.
399 , 99.
ajoutant .... 0 , 01.
total...... 400 , 00.

2 — mètres.
le 1.er ..... 113 , 013.
le 2.e .... 91 , 486.
204 , 499.
ajoutant ...... 0 , 001.
total...... 204 , 500.

3 — francs.
le 1.er roulier 410 , 267.
le 2.e .... 274 , 533.
total...... 684 , 800.

4 — francs.
le 1.er ...... 770 , 629.
le 2.e .... 391 , 608.
le 3.e .... 237 , 762.
1399 , 999.
ajout. un mil. 0 , 001.
total..... 1400 , 000.

5 — francs.
le 1.er ...... 399 , 737.
le 2.e .... 184 , 262.
583 , 999.
ajoutant .... 0 , 001.
total....... 584 , 000.

6 — francs.
le 1.er paie.... 45 , 865.
le 2.e .... 37 , 384.
le 3.e .... 40 , 751.
total........ 124 , 000.

7 — francs.
le 1.er a gagné. 61 , 219.
le 2.e .... 72 , 050.
le 3.e .... 51 , 801.
le 4.e .... 71 , 579.
256 , 649.
ajout. un mil. 0 , 001.
total....... 256 , 650.

8 — francs.
le 1.er .... 77 , 19.
le 2.e .... 43 , 36.
total....... 120 , 55.

RÈGLE D'ALLIAGE.

20.e *Tableau*, *f.*° 79.

1.er *Cas.*

1 — francs........ 10 , 25.
2 — francs......... 8 , 675.
3 — francs......... 3 , 116.

2.e *Cas.*

4 — francs......... 8 , 88.
5 — francs......... 8 , 36.
6 — francs......... 2 , 490.
7 — francs......... 3 , 34.
8 — franc.......... 0 , 55.

21.e Tableau, f.° 80.

1 — francs.......... 6, 17.
2 — francs....... 195, 78.
3 — francs......... 2, 326.

3.° *Cas.*

		fr.
4 — hectol. sur 8	3 à	5
	5 à	13
5 — kilogr. sur 65	20 à	2, 45
	45 à	1, 80
6 — hectol. sur 3,95	2,45 à	7,50
	1,50 à	11,45
7 — kilog. sur 4	2 à	3, 15
	2 à	2, 75
8 — kilog. sur 20	7 à	0, 45
	13 à	0, 35
9 — hectol. sur 21,5	18 à	21, 50
	3, 5 d'eau.	

TABLEAUX DES FRACTIONS.

1.er Tableau, f.° 81.

1 — 3/7
2 — 4/7
3 — 4/8
4 — 7/15
5 — 1.° .... 0,9.
  2.° 9/10
6 — 5 2/7
7 — 1.° .... 8,7.
  2.° 8 7/10
8 — 23 3/4
9 — ....le septième de un.
  .... un septième.
10 — ..le septième de quatre.
  ..... quatre septièmes.
11 — ....quatre huitièmes.
12 — ....sept quinzièmes.
13 — ....neuf dixièmes.
14 — cinq entiers deux septièm.
15 — huit entiers sept dixièmes.
16 — vingt-trois entiers trois quarts.

2.e Tableau, f.° 82.

Des entiers sous forme de fractions.

1 — .... 1.
2 — .... 1.
3 — .... 2.
4 — .... 3.
5 — 4 5/9
6 — 10 24/63
7 — 17 153/328
8 — 5 786/989
9 — 4 8110/9650
10 — 4 125/1367

Des changemens que peuvent subir les fractions sans changer de valeur.

11 — .... 4/6 6/9 8/12, etc.
12 — .. 10/14. 15/21 20/28 25/35, etc.
13 — 16/24 24/36 32/48 2/3 4/6, etc.
14 — .... 1/4 6/24 9/36 12/48, etc.
15 — ... 18/24 30/40 3/4 9/12, etc.
16 — .... 3/4 6/8 9/12.

3.e *Tableau*, *f.*° 83.

Réduction au même dénominateur.

1 —		14/21 12/21
2 —		5/20 12/20
3 —		9/36 28/36
4 —		12/18 15/18
5 —		36/48 28/48
6 —	1.°	90/108 42/108
	2.°	15/18 7/18
7 —	1°	21/36 24/36
	2.°	7/12 8/12
8 —		6/12 9/12 10/12
9 —	1.°	80/200 150/200 140/200
	2.°	8/20 15/20 14/20
10 —		42/56 40/56 21/56 52/56
11 —		36/72 60/72 69/72 56/72 45/72
12 —		180/252 56/252 189/252
13 —		198/495 385/495 135/495
14 —		20/60 15/60 36/60 35/60 18/60

4.e *Tableau*, *f.*° 84.

Réduction à de moindres termes.		*Conversion en décimales.*	
1 —	2/3	1 —	0, 23.
2 —	1/2	2 —	0, 625.
3 —	7/16	3 —	0, 875.
4 —	77/154	4 —	0, 466.
5 —	3/4	5 —	0, 356.
6 —	19/52	6 —	0, 7777.
7 —	20/81	7 —	0, 628.
8 —	119/161	8 —	0, 0728.

5.e *Tableau*, *f.*° 85.

Addition.

1 —	1 2/4 ou 1/2	12 —	102.
2 —	1 1/2	13 — 1.°	37 53/90
3 —	1 17/44	2.°	37, 58.
4 —	38/45	14 —	222 37/72
5 —	2 11/45	15 — 1.°	60, 8.
6 —	1 19/24	2.°	60 8/10
7 —	2 3/6	16 —	2 101/143
8 —	2 119/120	17 —	156 41/63
9 —	14 3/8	18 — aunes.	257 29/48
10 —	30 29/30	19 — livres-poids	203 1/24
11 —	699 67/72		

6.e *Tableau*, *f.*° 86.

Soustraction.

1 —	5/9	11 —	26 2/3
2 —	6/12 = 1/2	12 —	80 13/15
3 —	1/8	13 —	8 3/8
4 —	15/77	14 —	5 2/15
5 —	6/35	15 — aune	11/24
6 —	3/44	16 — lieues	3 3/4
7 —	5/300 = 1/60	17 — corde	1/10
8 —	1/110	18 — aune	7/24
9 —	0, 019.	19 — aune	51/88
10 —	7 59/63		

7.e *Tableau*, *f.*° 87.

Multiplication.

1 —	6/20 ou 3/10	9 —	64, 79.
2 —	28/45	10 — francs	43, 31.
3 —	15/48 ou 5/16	11 — aunes	937, 5.
4 —	7/16	12 — franc	1, 75.
5 —	7/20	13 — francs	12, 09.
6 —	3 1/9	14 — livres-poids	2520.
7 — 1.°	53 8/21	15 — livres-poids	23 11/12
7 — 2.°	53, 38.	16 — cordes	13 9/13
8 — 1.°	65 1/10	17 — livres-poids	63 2/6
8 — 2.°	65, 1.	18 — francs	8, 36.

8.e *Tableau*, *f.*° 88.

Division.

1 —	1 1/14	9 — francs	17, 38.
2 —	18/20 ou 9/10	10 — franc	0, 645.
3 —	77/135	11 — franc	1, 82.
4 —	1 1/6	12 — livre	94/223
5 —	409/500	13 — francs	2, 51.
6 — 1.°	6, 25.	14 — livre	943/1080
6 — 2.°	6 1/4	15 — franc	0, 347.
7 —	3 89/106	16 — franc	0, 036.
8 — aunes	2 5/16		

NOMBRES COMPLEXES.

1.er *Tableau*, *f.*° 89.

Addition.

1 — . . . . 7# 15ʃ 7∂

2 — . . . . 19# 13ʃ 3∂

liv., onces.

3 — . . . . 312 13.

toises, pieds, pouces.

4 — . . . 209 5 9.

ans, mois, jours.

5 — . . . . . . 57 5 5.

6 — . . . . 466# 8ʃ

liv., once, gros.

7 — . . . . . . 78 0 3.

8 — . . . . . . 13323# 2ʃ 1∂

toises, pied, pouces.

9 — . . . . 360 0 2.

2.e *Tableau*, *f.*° 90.

Soustraction.

1 — . . . . 4# 3ʃ 3∂

2 — . . . . 5# 18ʃ 11∂

toises, pied, pouces.

3 — . . . . . 7 0 9.

liv., onces, gros.

4 — . . . . . . 6 14 1.

5 — livres-poids . . . . 53.

ans, mois, jours.

6 — . . . . . . 21 10 19.

7 — . . . . . 1988# 17ʃ 11∂

liv., once, gros.

8 — . . . . 8 1 6.

ans, mois, jours.

9 — . . . . . . 34 3 18.

mesures, pots, chopines.

10 — . . . 6 19 3.

11 — . . . . . . 11# 15ʃ 11∂

pieds, pouces, lignes.

12 — . . . . . 4 6 10.

quintal, liv., onces.

13 — . . . . . 1 85 12.

3.e *Tableau*, *f.*° 91.

Addition et soustraction.

ans, mois, jours.

1 — . . . . . 50 8 2.

2 — . . . . . . 60# 13ʃ 10∂

mesures, pots.

3 — . . . . 39 8.

4 — . . . . 4589# 1ʃ 2∂

5 — . . . . 13# 7ʃ 5∂

liv., onces.

6 — . . . . 57 3.

ans, mois, jours.

7 — . . . . . 20 3 7.

toises, pieds, pouces.

8 — . . . . . 57 2 3.

pieds, pouces, lignes.

9 — . . . . 5 3 3.

4.e *Tableau, f.° 92.*

Multiplication.

1 — deniers . . . . . 8312.
2 — . . . . 213# 18ʃ
ans, mois, jours.
3 — . . . . . . 33 1 25.
4 — . . . . 64# 7ʃ
5 — . . . . 22# 10ʃ
6 — . . . . 9# 9ʃ
7 — . . . . 79# 5ʃ 8∂
8 — grains . . . . . 350125.

toises, pieds, pouces.
9 — . . . 1513 2 6
10 — . . . . . . 84# 17ʃ 6∂
11 — . . . . . . 110# 16ʃ 3∂
12 — . . . . . 241# 15ʃ 1∂ 1/3
13 — . . . . 325# 5ʃ 1∂ 7/8
14 — . . . . 360# 10ʃ 0∂ 4/5
15 — lignes . . . . . 23724.

5.e *Tableau, f.° 93.*

1 — . . . . . 485# 19ʃ 1∂ 1/3
2 — . . . . . . 5# 7ʃ 6∂ 1/12
3 — . . . . . . 579# 11ʃ 6∂
4 — aunes . . . . 517.
5 — . . . . 40# 15ʃ 6∂
6 — . . . . . .412# 7ʃ 4∂ 3/4

7 — . . . . . 385# 13ʃ 2∂ 1/2
toises, pieds, pouces, lignes.
8 — 314 4 3 9.
9 — . . . . . . 6738# 18ʃ 6∂
10 — . . . . . 394# 13ʃ 2∂ 1/4
11 — . . . . 52# 11ʃ 2 1/16
12 — . . . . 1606# 9ʃ 1∂ 13/24

6.e *Tableau, f.° 94.*

Division.

1 — . . . . 236# 6ʃ 7∂
toises, pied, pouce, lignes.
2 — . . 8 0 0 5.
3 — . . . . 2# 5ʃ
ans, mois, jours.
4 — . . . . . . 76 7 9.
5 — . . . . . . 8# 19ʃ 2∂ 2/3
liv., onces, gros.
6 — . . . . . 514 15 1.
toises, pieds, pouces, lignes.
7 — . 2 5 10 6.
8 — . . . . 6# 1ʃ 4∂ 7/9

ans, mois, jours, heures.
9 — . . 20 4 21 16.
10 — . . . . 17ʃ 2∂ 2/3
11 — . . . . . 14# 2ʃ 2∂ 14/41
12 — . . . . . 1# 17ʃ 2∂ 46/103
13 — . . . . . 0# 1ʃ 11∂ 41/185
liv., onces, gros.
14 — 1 9 4 4/9
15 — . . . . . 5# 10ʃ 7∂ 97/329
16 — . . . . . 9# 15ʃ 6∂ 486/665
toises, pieds, pouces, lignes.
17 — 45 3 6 5 119/221

7.^{e} *Tableau*, *f.*° 95.

Division.

1 — . . . $1032^{\#}\ 13^{ʃ}\ 7^{\partial}\ {}^{23}/_{139}$

2 — . . . . . $3^{\#}\ 4^{ʃ}\ 10^{\partial}\ {}^{58}/_{71}$

3 — . . . . . $0^{\#}\ 8^{ʃ}\ 5^{\partial}\ {}^{207}/_{661}$

4 — . . . . . $4^{\#}\ 11^{ʃ}\ 6^{\partial}\ {}^{11}/_{125}$

5 — . . . . . $1^{\#}\ 3^{ʃ}\ 8^{\partial}\ {}^{112}/_{141}$

6 — . . . . . $2^{\#}\ 12^{ʃ}\ 0^{\partial}\ {}^{47}/_{147}$

7 — élèves . . . . 67.

ans, mois, jours,

8 — . . . 9 1 7 $^{31}/_{77}$

9 — . . . . . $1^{\#}\ 14^{ʃ}\ 9^{\partial}\ {}^{597}/_{619}$

10 — . . . . . $0^{\#}\ 4^{ʃ}\ 7^{\partial}\ {}^{301}/_{445}$

11 — aunes . . . . . . 14 $^{87}/_{110}$

12 — aunes . . . . . . 45 $^{23}/_{339}$

13 — aunes . . . . . . 59 $^{11}/_{14}$

14 — . . . . $0^{\#}\ 2^{ʃ}\ 5^{\partial}\ {}^{1447}/_{1646}$

8.e *Tableau*, *f.*° 96.

Nombres complexes en général.

1 — . . . . . . $14^{\#}\ 2^{ʃ}\ 8^{\partial}\ {}^{1}/_{2}$

ans, mois, jours, heures, min.

2 — . 7 9 24 3 30.

3 — . . . . . $60^{\#}\ 14^{ʃ}\ 1^{\partial}\ {}^{1}/_{2}$

liv., onces.

4 — . . . . 43 9.

5 — . . . . $339^{\#}\ 18^{ʃ}\ 7^{\partial}\ {}^{69}/_{223}$

jours, heures, minutes.

6 — . 5 4 42 en supposant la journ. de 10 h.

7 — . . . . . $36^{\#}\ 12^{ʃ}\ 11^{\partial}\ {}^{1}/_{6}$

liv., onces, gros.

8 — . . . . . 263 15 1 $^{1}/_{129}$

9 — livres p. % . . . 8 $^{403}/_{4710}$

CONVERSION DES UNITÉS USUELLES, etc.

1.er *Tableau*, *f.*° 97.

1 — livre . . . . . . 0 , 833.

2 — . . . . $13^{ʃ}\ 10^{\partial}$

3 — . . . . $0^{\#}\ 15^{ʃ}\ 10^{\partial}$

4 — francs . . . . . 33 , 99.

5 — . . . . $89^{\#}\ 0^{ʃ}\ 5^{\partial}$

6 — toise . . . . . . 0 , 402.

7 — toise . . . . . 0 , 4832.

8 — mètres . . . . 34 , 972.

toises, pied, pouces, lignes.

9 — . 19 0 4 11.

pieds, pouces, lignes.

10 — . . . . 2 7 4.

11 — toise . . . . . 0 , 3038.

12 — aune . . . . . . 0 , 875.

13 — mètres . . . . 23 , 463.

14 — mètres . . . . . 9 , 133.

15 — aunes . . . . . 63 $^{847}/_{1000}$

16 — livre-poids . . 0 , 4218.

17 — livre-poids . . 0 , 6708.

liv., onces, gros, grains.

18 — . . 0 11 6 7.

19 — myriogr. . . . . 3 , 1533.

20 — hectogr. . . 12 , 67.

2.e Tableau, f.o 98.

liv., onces, gros, grains.
1 — . . 26 11 4 47.

liv., onces, gros, grains.
2 — . . 71 9 2 61.
3 — myriagr. . . 31, 6603.
4 — stère . . . . 0, 479.
5 — stères. . . . 53, 28.
6 — cordes . . . . 4, 485.
7 — hectolitres . . 3, 43.

mesures, pot, chopine.
8 — . . . 67 1 1.
9 — hectolitre . . 1, 7428.
10 — hectolitres . . 6, 5833.

sacs, boisseaux, quarts.
11 — . . . 6 3 2.

12 — an . . . . 0, 548.

ans, mois, jours, heures.
13 — . . . 8 6 14 24.
14 — an . . . . . . 0, 8959.

hectare, ares, cent.
15 — . . . . . . 1 45 18.

arpens perches car. pieds car.
16 — 14 43 264.

hectares, ares, cent.
17 — . . . . . 34 34 08.

arp. perch. car. pieds car.
18 — . . 18 372 36.

QUESTIONS
CONTENUES DANS LES SIX DERNIERS TABLEAUX.

1.er Tableau, f.o 99.

1 — En 1819, le 9 Avril, à 5 heures 11 min. du mat.

2 — 1.er . . . . . . 57, 50. hect.
    2.e . . . . . . 30, 50. hect.

3 — veau . . . . 66, 02. kilogr.
    mouton. . . 48, 985. kilogr.

4 — franc . . . . . 1, 50.
5 — chevaux . . . . . . 15.

6 — aînée 13 10 6 8. (ans, mois, jours, h.)
    cadette 6 11 3 4. (ans, mois, jours, h.)

7 — 1.er pauvre. . 4, 375. francs.
    2.e . . . . . . 4, 375. francs.
    3.e . . . . . . 1, 75.
    4.e . . . . . . 7.
    reste . . . . . 0.

8 — kilogr. . . . . . 4, 5.
9 — heures . . . . 6.

10 — aîné . . . . . 2, 85. francs.
     cadet . . . . 2, 15. francs.

2.e Tableau, f.o 100.

1 — domestique . . . 6000. francs.
    garde-malade . . 1000.
    héritier . . . . 73000.

2 — heure . . . . 1.
3 — minutes . . . . 30.
4 — . . . . 3 jours 18 heures.
5 — heures. . . . . 20.
6 — francs . . . . 23, 82.
7 — mètre . . . . . 0, 35.
8 — francs . . . . 284, 34.

3.e *Tableau*, *f.*° 101.

1 — 1.° la ration sera de 0,85.
2.° pain . . . 6 hectogr., 99.
viande . . . 4 hectogr., 25.

2 — . . . . 11 jours 7 heures.

3 — le premier marché est plus avantageux de 87^f, 25.

4 — francs. . . 4464, 30, l'escompte pour 344 jours étant de 352^f, 90.

5 — francs . . . 1766, 67.

6 — jours . . . . 40.

7 — francs p. o/o à . . . 21, 08.

8 — francs p. o/o . . 9, 90.

9 — francs . . . 10555, 56.

10 — hectares . . 62, 2222.

4.e *Tableau*, *f.*° 102.

1 — Le propriétaire de vignes gagne par arpent 47^f, 18.

2 — 1.° chevaux . . . . 13.
2.° chevaux . . . . 9.

3 — (francs.)
1.er bucheron 25, 761.
2.e . . . . . . 18, 572.
3.e . . . . . . 22, 167.

4 — (francs.)
1.er héritier . . 2250, 12.
2.e . . . . . 3750, 20.
3.e . . . . . 8250, 43.

5 — (hectares.)
1.° . . . . . 90, 4730.
2.° . . . . . 76, 7770.

6 — 12 hectolitres, à 0 franc, 40.
12 hectolitres, à 0, 90.
21 hectolitres, à 1 franc, 40.

7 — 1° par lit. de mélange 0 lit.,25 d'eau, et en tout
2° dans le tonneau 521 lit.,25.

8 —

	stères.		francs.
1.°	10, 989	à	7, 25.
2.°	70, 329	à	9.
3.°	197, 803	à	12.
4.°	120, 879	à	13, 35.

9 — (francs.)
1.re part . . 475, 25.
2.e . . . . . 237, 625.
3.e . . . . . 237, 625.

10 — . . . . 36.

5.e *Tableau*, *f.*° 103.

1 — louis . . . . 12.

2 — (francs.)
1.re part . . 284, 50.
2.e . . . . . . 296, 50.
3.e . . . . . . 306, 50.
4.e . . . . . . 312, 50.

3 — (francs.)
1.re part . . 472, 67.
2.e . . . . . 378, 13.

4 — . . . . 60.

5 — (mèt.)
1.° le total . . . . 72.
1.er maçon . . . . 24.
2.e . . . . 6.
3.e . . . . 2.
4.e . . . . 40.

6 — ans . . . . 7.

13

7 — 1.re part . . . . . 140. francs.
  2.e . . . . 245.
  3.e . . . . 315.

8 — chaque fille 1558, 50. francs.
  chaque fils . 4675, 50.
  la mère . . 9351.

9 — à 66 lieues de Strasbourg.

10 — moutons . . . . 72.

11 — . . . . 6 francs.

6.e *Tableau*, *f.*° 104.

1 — 1.° elle a 24 sous ou pièces de cinq centim.
  2.° il y a 11 pauvres.

2 — 1.° . . . 30 journées à 1 fr.
  2.° 25 journées à 1f, 20.

3 — 1.er cheval. . 8 louis.
  2.e . . . . . . 18 =
  3.e . . . . . . 16 =

4 — de chaque espèce 9 hectol.

5 — jours de travail . . 20.
  de repos . . . . . 10.

6 — jours de travail. . 146.
  de repos . . . . 219.

7 — francs . . . . . 13500.

8 — 1.er instituteur, 7 enfans.
  2.e . . . . . 5 enfans.

FIN DE LA TABLE DES SOLUTIONS.

TABLE DES MATIÈRES.

1.re PARTIE.

2.e PARTIE.

www.ingramcontent.com/pod-product-compliance
Ingram Content Group UK Ltd.
Pitfield, Milton Keynes, MK11 3LW, UK
UKHW022107190726
13855UKWH00002B/697

9 782013 059961